Para sempre

Para sempre

Cinquenta cartas de amor de todos os tempos

seleção, organização e notas:
Emerson Tin

prefácio:
Renato Janine Ribeiro

2ª reimpressão

EDITORA GLOBO

Copyright © 2009 by Editora Globo S.A.

Todos os direitos reservados. Nenhuma parte desta edição pode ser utilizada ou reproduzida – em qualquer meio ou forma, seja mecânico ou eletrônico, fotocópia, gravação etc. – nem apropriada ou estocada em sistema de bancos de dados, sem a expressa autorização da editora.

Texto fixado conforme as regras do novo Acordo Ortográfico da Língua Portuguesa (Decreto Legislativo nº 54, de 1995).

Revisão: Eugênio Vinci de Moraes, Ana Maria Barbosa
e Beatriz de Freitas Moreira
Capa: Andrea Vilela de Almeida
Foto de capa: Getty Images

1ª edição, Editora Globo, 2009
2ª reimpressão, 2010

DADOS INTERNACIONAIS DE CATALOGAÇÃO NA PUBLICAÇÃO (CIP)
(CÂMARA BRASILEIRA DO LIVRO, SP, BRASIL)

Para sempre: cinquenta cartas de amor de todos os tempos / seleção, organização e notas Emerson Tin; prefácio Renato Janine Ribeiro. – São Paulo: Globo, 2009.

Vários autores.
Vários tradutores.
ISBN 978-85-250-4664-2

1. Cartas de amor I. Tin, Emerson. II. Ribeiro, Renato Janine.

09-02066   CDD-808.6

Índices para catálogo sistemático:
1. Cartas de amor: Retórica: Literatura   808.6

Direitos de edição em língua portuguesa para o Brasil
adquiridos por Editora Globo S.A.
Av. Jaguaré, 1485 – 05346-902 – São Paulo – SP
www.globolivros.com.br

Sumário

Nota do organizador 7
Prefácio – Renato Janine Ribeiro 9

Cícero 15
Plínio, o Jovem 21
Tsui Inging 27
Henrique VIII 33
Sra. Shiguenari 37
Voltaire 41
Ludwig van Beethoven 49
D. Pedro I 55
Victor Hugo 59
Alfred de Musset 71
Frédéric Chopin 75
Gonçalves Dias 79
Machado de Assis 83
Eça de Queirós 89
Rui Barbosa 95
Cruz e Sousa 105
Olavo Bilac 109
Franz Kafka 113
Gibran Khalil Gibran 125

Augusto dos Anjos 129
Fernando Pessoa 135
Katherine Mansfield 147
Antonio Gramsci 153
Vladímir Maiakóvski 157

Nota do organizador

> *Sçavoir de quelle conséquence sont les lettres en amour.*
> *Amans aimés, qui n'avez d'autre envie*
> *Que de passer en aimant votre vie,*
> *Ecrivez et matin et soir,*
> *Ecrivez quand vous allez voir,*
> *Et, quoique vous alliez dire: Ha! que je vous aime!*
> *Ecrivez-le et donnez votre lettre vous-même.*
> *Ecrivez la nuit et le jour:*
> *Les lettres font vivre l'amour.*
>
> Conde de Bussy-Rabutin (1618-1693), Maximes d'amour

As cinquenta cartas escolhidas para compor este volume procuram traçar um panorama da produção dessa espécie de correspondência tão antiga e tão essencial ao ser humano: a das cartas de amor. "As cartas fazem viver o amor", já dizia o conde de Bussy-Rabutin no século xvii. E foi em busca dessas cartas que reavivam o amor, que (re)acendem a chama da paixão, que este livro foi organizado.

As cartas mais recentes predominaram sobre as mais antigas. Assim, a maior parte da coletânea se concentra nos últimos três séculos do milênio passado. Também procurou-se equilibrar as cartas em língua portuguesa e aquelas em línguas estrangeiras. Dessa forma, o leitor poderá encontrar não só cartas de autores brasileiros ou portugueses, mas também cartas originalmente escritas em latim, francês, inglês, entre outros idiomas.

As cartas são apresentadas em ordem cronológica, pela data de nascimento de seu autor, o que permite uma leitura diacrônica, mas não impede uma leitura aleatória, ao sabor da página aberta ao acaso.

Quanto aos temas, "todas as cartas de amor são/ ridículas", já afirmou Álvaro de Campos — que assina, aliás, uma das cartas deste livro —, "não seriam cartas de amor se não fossem/ ridículas". É possível encontrar nelas o arrebatamento da paixão, a desconfiança do ciúme, o cuidado do amor, a dor da distância. Mas também o humor e a delicadeza que só um coração apaixonado sabe expressar.

Leia, apaixonado leitor, e, movido pelo exemplo dessa meia centena de cartas, escreva, dia e noite, pois as cartas fazem viver o amor.

EMERSON TIN
Doutor em teoria e história literária pela Unicamp
Professor da Facamp

Prefácio

O RIDÍCULO OU O HUMANO

> *Todas as cartas de amor são*
> *Ridículas.*
> *Não seriam cartas de amor se não fossem*
> *Ridículas.*
>
> ÁLVARO DE CAMPOS, heterônimo de Fernando Pessoa

FERNANDO PESSOA, com a assinatura de seu heterônimo Álvaro de Campos, completa em 21 de outubro de 1935 um de seus poemas mais conhecidos, que acima citamos. Acrescenta: ridículas são mesmo "só as criaturas que nunca escreveram/ cartas de amor", e afirma sentir saudades do "no tempo em que escrevia [...]/ cartas de amor/ ridículas". O poeta falecerá dali a um mês, em 30 de novembro, de modo que esta reflexão — sobre o ridículo das cartas de amor, das pessoas que não as escrevem e até mesmo o das palavras proparoxítonas — é quase um testamento, um entre muitos balanços possíveis de sua história.

É o que leva o leitor a procurar, em um volume de cartas de amor, as cartas de amor de Fernando Pessoa — e aqui temos algumas delas, dirigidas entre 1920 e 1929 a sua amada Ofélia Queiroz. A pergunta é então óbvia: elas são ridículas? E essa pergunta poderia estender-se a todo o volume — são ridículas as cartas de amor? Porque o poema de Pessoa afirma duas coisas, aparentemente contraditórias, mas talvez complementares: primeira, que as cartas de amor são ridículas; segunda, que ridículo é quem nunca as escreveu (e, por isso mesmo, o poeta à beira da morte diz sentir saudades do tempo em que as escrevia — como se elas fossem uma marca de vida).

As cartas de amor são, assim, uma filigrana do que é ser vivo. Quem está vivo ama — e escreve cartas para dizer seu sentimento. Essas cartas, subentende-se, só têm valor — mas que valor! — na relação entre quem as escreve e quem as recebe. Para ambos, são preciosas. Vejam quantas vezes, nas páginas que se seguem, nossos autores — todos eles escritores respeitados, até o rei Henrique VIII da Inglaterra, que se console da ausência da amada escrevendo um livro — pedem que a pessoa amada lhes escreva. Alguns até se fingem de durões, como Franz Kafka, que na primeira carta a Felice Bauer diz que ela não precisa lhe escrever, não. Logo depois, porém, conta de sua ansiedade por receber cartas suas: quantas vezes desce ao protocolo da firma para saber se chegou alguma mensagem de Felice!

Isso significa, aliás, que as cartas que aqui aparecem sempre, ou quase sempre, pedem mais. Lemos uma, mas queremos saber a resposta, se houve e como foi. São obras abertas, abertas para o que só podemos imaginar. A sra. Shiguenari se suicidou mesmo? Seu marido recebeu sua carta antes da batalha fatal? Aliás, ele morreu mesmo nesse combate ou o suicídio dela — sua ida para um outro mundo, no qual ia esperar pelo esposo — terá sido precipitado? Ou, entre as declarações de amor de Pessoa e sua decisão de não se casar, o que se passou? Várias dessas perguntas têm resposta, mas outras não. É da natureza do amor, não do amor apenas imaginado, mas de como ele se dá entre duas pessoas, que muita coisa importante jamais seja posta por escrito. Cartas de amor são, assim, uma parte emersa do *ice-*

berg — apenas uma parte, que nem sempre diz muito sobre o restante. Lembro as cartas de Rosa de Luxemburgo a seu amado Leo Jogiches, que terminam, após muitos anos, com uma última missiva dela, chamando-o de *Sie* em vez de *Du* (mais ou menos como se passasse de "você" para "o senhor", o que entre amantes modernos é duríssimo) e pedindo que devolva tudo o que pertence a ela e com ele ficou. Do que ocorreu para esse triste término, pouco sabemos. E é da natureza das cartas de amor que sejam, assim, parciais, suscitando nossa curiosidade, despertando nossa imaginação.

Queremos saber como o amor continuou ou se falhou. Aqui, dizer o quê?, o chamado "mundo real" decepciona. Afinal, Henrique VIII mandou executar poucos anos depois sua amadíssima Ana Bolena; Fernando Pessoa não se casou com Ofélia Queiroz, nem Franz Kafka com Felice Bauer; George Sand, que foi a grande amada de Chopin, antes disso largou Musset, em condições que o deixaram traumatizado; Victor Hugo, tão apaixonado por Adélia quando jovem, depois de se casar com ela teve outras amadas. Mesmo uma das duas cartas que acho mais belas, a de Katherine Mansfield, está dirigida a John Murry, com quem ela viveu uma relação forte, mas cheia de idas e vindas — ainda que depois da precoce morte dela, com apenas 34 anos, ele tenha se consagrado a editar sua obra.

Também decepciona o fato de que esteja mesmo presente o ridículo em não poucas cartas. Masculinas na maior parte, com frequência manifestam um ciúme que raia a puerilidade. É o caso, justamente, de Pessoa, que alterna crises de ciúme com uma ruptura decidida por ele a fim de dedicar-se a sua obra literária — ou o de Voltaire e Victor Hugo, que lamentam que as amadas não lhes respondam no tom alto e apaixonado em que escrevem a elas; ou, ainda, para desencanto das feministas, o tom condescendente com que Rui Barbosa se dirige a sua "cândida e inexperiente noiva, que há tão pouco tempo [o] conheces, e por isso provavelmente não tem aprofundado ainda a [sua] índole".

Mas há momentos altos, como a carta de d. Pedro I a Domitília de Castro Canto e Melo, a futura Marquesa de Santos, apenas dois meses depois de dois eventos praticamente simultâneos e que marcaram fortemente os primeiros anos do Brasil independente: primeiro, em 29 de agosto de 1822, os dois se conhecem, quando o príncipe passa por São Paulo, a caminho de Santos, onde por sinal a marquesa jamais viveu;[1] depois, em 7 de setembro, o príncipe proclamou a independência do Brasil, na cidade mesma em que ela vivia. Tornaram-se amantes provavelmente entre essas duas datas, ou pelo menos nessa ocasião, e assim a primeira carta dele para ela, dentre as editadas por Alberto Rangel, assinada "Demonão", termina com "Aceite abraços e beijos e fo.../ Deste seu amante...". O fac-símile da carta mostra que d. Pedro deixou incompleta a palavra "fo...", sendo óbvio que se refere a *fodas*. É talvez a carta mais divertida da antologia, embora curta e talvez não tão bela quanto as minhas prediletas.

Pois a outra carta mais bela, a meu ver, é a da sra. Shiguenari, nobre dama japonesa, ao marido, governador de Nagato. No século XVI, o Japão está dividido em guerras civis, e quando o esposo parte para uma batalha da qual, teme a dama, ele não voltará, ela lhe comunica que está tirando a própria vida, para fazer-lhe companhia no além. É uma carta bela mas ao mesmo tempo simples, direta, com metáforas fortes, que por sua vez ex-

---

1. O imperador, segundo algumas versões, lhe teria dado o título de Viscondessa de Santos e depois Marquesa de Santos, para fazer birra a José Bonifácio e a seus irmãos, eles sim santistas, e que tinham caído em desgraça.

pressam uma soma, quase incompreensível para nós, de resignação ao inevitável e de determinação de estar com o amado, antes ou depois desta vida.

Temos assim um leque interessante de cartas de escritores. Podemos ver que alguns são infantis, outros, egoístas, outros ainda, dedicados e altruístas; podemos ver que alguns amores duraram, outros não; podemos, enfim, ver que o ridículo, que paira sobre as cartas, é apenas um dos nomes para o que é mais íntimo na condição humana. Como afirma certo ditado atribuído a Sacha Guitry: "Não há grande homem para seu criado". Na intimidade, não é que ninguém seja normal: ninguém, ou quase ninguém, é grande. Isso nos consola. Cartas de amor podem ser escritas, e o são, por todos nós. Hoje podem assumir as formas de nosso tempo, como e-mails ou torpedos — mas o amor por escrito de qualquer pessoa pode em algum momento mostrar uma beleza literária que não é privilégio dos escritores, ou então a intensidade de um sentimento, que não se sabe se será duradouro ou fulgurante. As páginas que se seguem são uma rara incursão na intimidade de escritores importantes, mas, mais que isso, de seres humanos, que exprimiam um sentimento que era — pelo menos naquele momento em que durou — eterno.

RENATO JANINE RIBEIRO
Professor do Departamento de Filosofia da Universidade de São Paulo

CÍCERO

Tradução do latim: Marcos Martinho

Marco Túlio Cícero (106 a.C.-43 a.C.) foi advogado, político, orador e filósofo romano. Tem uma vasta obra, composta principalmente por seus discursos e por sua correspondência. A vida de Cícero está toda interligada à da República de Roma. Tanto é verdade que seu assassinato poderia marcar, simbolicamente, o fim desse período. A carta selecionada foi escrita no exílio a sua esposa, Terência (98 a.C.-4 d.C.). Pela correspondência, Cícero procura ter notícias da família e demonstra sua preocupação com o destino dos seus. Em 46 a.C., porém, Cícero separa-se de Terência, acusando-a de má gestão fraudulenta de seus negócios, e casa-se com a jovem Publília, casamento que logo acabaria também.

TÚLIO MANDA saudações aos seus: Terência, Túlia, Cícero!²

Eu lhes mando cartas menos frequentemente do que posso, justamente porque, se já os momentos me são todos miseráveis, mais ainda, na verdade, sou acometido por lágrimas, quando ou escrevo para vocês ou leio as suas cartas, de tal modo que não posso suportar; oxalá tivéssemos sido menos desejosos de viver! Decerto, não teríamos visto nada de mal ou muito mal na vida! Porque, se a fortuna nos reservou alguma esperança de recuperar algum dia alguma comodidade, menos se errou de nossa parte; se esses males estão fixados, eu na verdade desejo vê-la quanto antes, vida minha, e morrer nos seus braços, pois nem os deuses, que você muito castamente cultuou, nem os homens, a quem eu sempre servi, nos mostraram gratidão.

Estive treze dias em Brundísio, na casa de Marco Lênio Flaco, ótimo homem, que, em nome da minha salvação, não se importou de arriscar suas fortunas e sua cabeça, nem foi demovido pela penalidade da lei, ainda que muito ímproba, do propósito

---

2. "Livro XIV, epístola 4" das *Epístolas aos familiares*, disponível em <www.thelatinlibrary.com/cicero/fam14.shtml>.

de prestar o direito e ofício da hospitalidade e amizade. A esse, oxalá, possa algum dia mostrar gratidão! Ter, sim, sempre terei! Parti de Brundísio dois dias antes das calendas de maio [29 de abril de 58 a.C.]; buscarei a Macedônia por Cízico.

Oh, eu estou perdido! Oh, estou aflito! Pois quê! Rogarei a você que venha, a você, mulher acabrunhada, tanto no corpo quanto na alma? Não rogarei? Ficarei, pois, sem você? Tenho uma ideia! Vou fazer assim: se existe esperança do meu retorno, confirme isso e ajude as coisas; se, porém, como eu temo, é caso encerrado, faça algo para vir até mim como puder. Uma única coisa terá de saber: se a tiver ao meu lado, não me parecerá que pereci completamente. Mas que sucederá à minha Tuliazinha? Já isso veja-o você; a mim falta-me ponderação. Mas, decerto, seja como for que as coisas se portem, é para observar tanto o matrimônio quanto a fama da pobrezinha. Quê? O meu Cícero que fará? Esse, na verdade, fique no meu colo sempre e nos meus braços. Já não consigo escrever mais nada...; impede-me a mágoa... Que fez você não sei: se mantém algo ou, o que temo, foi completamente espoliada.

Pisão, como você escreve, espero que seja sempre nosso. Acerca da libertação da criadagem, nada há que a mova. Primeiro, prometeu-se aos seus criados que você faria conforme cada um tivesse merecido. Está ainda em suas funções, porém, Orfeu; além disso, absolutamente ninguém. Dos demais escravos tal é a situação que, se as coisas tiverem escapado a nós, eles serão nossos libertos, se tiverem podido obter isso; se, porém, as coisas couberem a nós, eles servirão, exceto bem poucos. Mas essas são coisas menores.

Que você me exorte a ser cheio de grande animação e a ter esperança de recuperar minha salvação, isso quereria eu fosse de tal modo que pudéssemos esperar com razão. Agora, miserável, quando receberei carta sua? Quem a trará até mim? Tal carta eu a teria esperado em Brundísio, se o tivessem permitido os nautas, que não quiseram deixar passar o bom tempo. Quanto ao resto, aguente, minha Terência, como pode. Muito honestamente vivemos, florescemos; afligiu-nos, não o nosso vício, mas a nossa virtude; tropeço nenhum há, senão que não perdemos a vida junto com os ornamentos dela; mas, se isto foi mais agradável aos nossos descendentes, isto é, nós vivermos, suportemos as mais coisas, ainda que não sejam para suportar. Já eu, que lhe dou forças, não posso eu mesmo dar forças a mim.

Clódio Filetero, porque a saúde dos olhos o impediam, homem fiel, enviei-o de volta; Salústio a todos vence em suas funções; Pescênio é superbenévolo conosco, o qual espero seja sempre respeitador de você; Sica tinha dito que estaria comigo, mas foi-se em Brundísio.

Cuida, quanto pode, para que passe bem e pense assim: que eu me comovo com a sua miséria mais que com a minha. Você, Terência minha, esposa fidelíssima e também ótima, e você, filhinha minha caríssima, e, esperança que nos resta, você, Cícero, passem bem.

Em Brundísio, na véspera das calendas de maio [aos 30 de abril de 58 a.C.].

Plínio, o Jovem

Tradução do latim: Marcos Martinho

Caio Plínio Cecílio Segundo, chamado Plínio, o Jovem (61-c.113), orador e político romano. Ficou conhecido como "o Jovem" para ser diferenciado de seu tio Plínio, o Velho, famoso por sua vasta História natural, por quem foi adotado e criado. Suas "cartas cuidadosamente escritas" (litterae curiosius scriptae) costumam ser consideradas um excelente panorama dos costumes de seu tempo. As três cartas de Plínio que lemos aqui foram escritas a Calpúrnia, sua terceira esposa, e nelas podemos ver alguns dos lugares-comuns da correspondência amorosa: o protesto de saudades, a releitura das cartas recebidas como forma de diminuí-las, entre outros.

Plínio, à sua Calpúrnia, saudações![3]

Não me queixei mais de minhas ocupações, que me não permitiram nem ir com você, ao partir por causa da sua saúde para a Campânia, nem ir em seguida a você, após ter partido. Agora, sim, sobretudo, eu desejava estar junto de você, para que, com os meus olhos, conferisse quanto nas suas forças, quanto no seu corpinho você se recuperava; se, enfim, se entregava, desocupada, às volúpias do recolhimento e à abundância da região. Sim, sim, ainda que forte, sentiria saudade de você, não sem inquietação; sim, é um suspense e uma ansiedade nada saber, durante um tempo, daquele que se estima muito ardentemente. Agora, na verdade, se já arrazoar sobre a sua ausência me aterra com preocupação incerta e vária, mais ainda sobre a sua enfermidade. Tudo receio, tudo imagino e, o que é da natureza dos que têm medo, forjo para mim maximamente o que abomino maximamente, pelo que rogo, muito encarecidamente, que você se

---

3. "Livro VI, epístola 4" das *Epístolas* de Plínio, o Jovem. Disponível em francês em: Plínio, o Jovem. *Lettres de Pline le Jeune.* Livre VI. Trad. de J. Pierrot de Sacy et M. Gabaret-Dupaty. Paris: Garnier, 1920. (Disponível em latim e na tradução francesa: <http://agoraclass.fltr.ucl.ac.be/concordances/Pline_le_jeune_lettresVI/ligne05.cfm?numligne=5&mot=ab>. Acesso em 15/1/2009.)

ocupe do meu temor, dia a dia, com uma ou ainda duas epístolas. Estarei, sim, mais seguro, enquanto as leio, e temerei assim que as tiver lido. Adeus.

Plínio, à sua Calpúrnia, saudações![4]

Você escreveu que é afetada não pouco pela minha ausência, e que o único consolo que possui é que, em meu lugar, segura os meus livrinhos; amiúde ainda os coloca nos lugares em que estive. É uma honra ser requisitado por você; uma honra, esses lenitivos acalmarem você! Eu, por minha vez, fico a ler as suas epístolas e ainda, de tempo em tempo, tomo-as nas mãos como se fossem recentes. Mas sou incitado ainda mais à saudade de você; pois quanta doçura deve haver nas conversas daquela cujas cartas têm tanta suavidade! Você, todavia, escreva quão frequentemente possa, ainda que isso me deleite de modo a torturar-me. Passe bem!

Plínio, à sua Calpúrnia, saudações![5]

É incrível quanta saudade tenho de você! O que está na origem disso é o amor, primeiro; depois, que não estamos habituados a estar longe um do outro. Daí vem que, em vigília, passo grande parte de minhas noites com a imaginação em você; daí que, durante o dia, nas horas em que costumava visitar você,

---

4. "Livro vi, Epístola 7", disponível em ibidem. (Em latim e na tradução francesa: <http://agoraclass.fltr.ucl.ac.be/concordances/Pline_le_jeune_lettresVI/ligne05.cfm?numligne=8&mot=ab#debut>. Acesso em 15/1/2009.)
5. "Livro vii, Epístola 5", disponível em ibidem. (Em latim e na tradução francesa: <http://agoraclass.fltr.ucl.ac.be/concordances/Pline_le_jeune_lettresVII/ligne05.cfm?numligne=6&mot=ab#debut>. Acesso em 15/1/2009.)

meus pés, como se diz muito acertadamente, me conduzem por si aos seus aposentos; que, enfim, recuo, acabrunhado e magoado e ainda semelhante ao que foi expulso de uma porta vazia. O único momento em que estão ausentes esses tormentos é aquele em que sou esmagado pelo trabalho no fórum e nas lides dos amigos. Calcule você que vida é a minha, que encontro o repouso no trabalho; na miséria e inquietações, o consolo. Passe bem!

Tsui Inging

Tradução do chinês: Ho Yeh Chia

Tsui Inging (China, século VIII) teria escrito essa carta a um importante escritor e poeta da Dinastia Tang (618-907), Yuan Chen (779-831), por volta do ano de 798, segundo informa Lin Yutang (1895-1976), o grande divulgador dessa carta para o Ocidente, incluída em seu livro A importância de compreender (The Importance of Understanding, 1960). Trata-se de uma típica carta ditada pela distância amorosa, escrita após a partida do amante. A beleza da carta teria motivado Chen a incluí-la na narrativa A história de Ts'ui Ying-ying, que se tornou um texto bastante popular da literatura chinesa.

Li a sua carta com profunda emoção. Comove-me o amor que vivemos.

Recebi também uma caixa com enfeites de cabelo e batom que você me mandou.

Agradeço esses presentes; entretanto, ficar bela para quem, se você não está aqui comigo?

Esses objetos causam-me saudades ainda maiores daquelas que já sentia, e provocam em mim ainda mais suspiros, que ressoam em meus ouvidos.

Pude saber que você está bem, e que se estabeleceu na capital seguindo com os estudos, mas que sua verdadeira intenção é buscar a paz. Só me entristeço por mim mesma, abandonada para sempre nesta cidadezinha. Mas, se este é o meu destino, de que adiantam os meus queixumes?

Desde que partiu no outono do ano passado, minhas emoções ainda não se estabilizaram. Na companhia de outras pessoas, faço esforço para parecer bem e feliz, mas nas longas e solitárias madrugadas, não posso conter as lágrimas. Mesmo nos sonhos, choro de dor, de tanta saudade. Quando sonho com os nossos encontros, nosso amor parece tão real, como nos velhos tempos. Mas logo acordo e, mesmo sentindo que o cobertor ainda está aquecido pelo calor do seu corpo, lembro logo que você já não está mais comigo.

Um ano já fugiu desde que você partiu. Não tenho palavras para expressar a minha gratidão pelo fato de não ter se esquecido inteiramente de mim estando em uma cidade tão agitada e alegre como Chang-an.

E quanto aos nossos juramentos de amor, da minha parte, nada mudou. Serei sempre fiel à minha promessa. Fomos formalmente apresentados por minha mãe, e, na ocasião, não pude resistir a seus encantos e me entreguei completamente a você. Você me seduziu com a sua música, e eu perdi o domínio de mim mesma, e me ofereci para você da forma mais sincera e verdadeira.

Bem sabe que, depois da nossa primeira noite juntos, jurei que nunca amaria senão você. Juramos que seríamos mutuamente fiéis por toda a nossa vida. Foi essa a nossa vontade, a promessa que trocamos. Nunca imaginaria que você pudesse julgar o meu comportamento como vergonhoso e leviano, e acabou não sendo possível oficializar a nossa união.

Terei de levar esta humilhação até o fim da minha vida, e não posso fazer nada senão lamentar.

Se você tiver a generosidade de realizar o meu humilde desejo de nos unirmos, serei a mulher mais feliz do mundo. Mas se considerar que o nosso caso foi indigno e indecente, e achar que por isso não precisa cumprir sua promessa, levarei o meu amor para o túmulo do pesar eterno, como flores e folhas que seguem a direção do vento, eu depositarei a minha alma no pó da terra que você pisa, e assim o seguirei. Tudo depende de você.

Diante desta folha de carta que estou escrevendo a você, manchando-a com minhas lágrimas, não sei mais o que dizer e nem como expressar tudo o que sinto.

Cuide-se! Cuide-se, por favor! Estou lhe enviando um anel de jade que usei quando criança, para que você o use amarrado junto ao seu cinto. O jade simboliza a integridade do nosso amor, e a sua forma circular representa a infinitude dos meus sentimentos. Envio também um cordão de seda, e uma xícara de chá feita de bambu manchado. São coisas simples, mas carregadas de significados, levando a esperança de que nosso amor seja imaculado como o jade e contínuo como o anel. As manchas da xícara de bambu representam as minhas lágrimas, e as minhas angústias são incontáveis como os fios entrelaçados do cordão de seda. Esses objetos são testemunhos do nosso amor. Meu coração está contigo, embora o meu corpo esteja longe. Não sei quando será o nosso reencontro, mas se os pensamentos valessem, eu estaria sempre a seu lado. Cuide-se, alimente-se bem, e não se preocupe comigo.

Tsui Inging

HENRIQUE VIII

Tradução do inglês: Ricardo Lísias

Henrique VIII (1491-1547), rei da Inglaterra, segundo monarca da Dinastia Tudor (1485-1603). Ao romper com a Igreja Católica Romana, estabeleceu a Igreja Anglicana. Aliás, o rompimento se deu justamente porque Henrique desejava se divorciar de sua primeira esposa, Catarina de Aragão, que não lhe dera um herdeiro masculino, para casar-se com Ana Bolena (c.1500-1536), a quem dirige a carta que lemos aqui. Henrique casou-se com Ana Bolena em 1533. Para sempre? Nem sempre. A despeito do amor incondicional expresso na carta, ele não hesitou em mandar decapitar a esposa quando lhe ditou a conveniência, para se casar com Jane Seymour (c.1509-1537), dez dias depois da execução de Ana Bolena.

Meu grande amor:⁶

A intenção desta carta é expor-lhe a enorme desgraça em que vivo desde a sua partida. Garanto-lhe que dessa vez a nossa separação me parece muito mais longa do que a última, apesar de estarmos longe um do outro há apenas quinze dias. Acho que a sua delicadeza e a intensidade do meu amor são a razão desse meu sentimento; por outro lado, eu não imaginava que em tão pouco tempo a aflição tomaria conta de mim. Mas agora que me dirijo a você, sinto que minhas dores diminuem um pouco. Também me conforta trabalhar no meu livro, atividade que tem me custado por volta de quatro horas por dia, e é por esse motivo que agora vou escrever um bilhete menor para você, além da dor de cabeça que sinto. Eu desejo muito (sobretudo à noite) estar nos braços da minha amada e beijar-lhe os seios.

A mão que lhe escreve é a de um homem que, por vontade própria, foi, é e sempre será seu.

H. R.

---

6. "Décima quinta carta de Henrique VIII a Ana Bolena". In: *The love letters of Henry VIII to Anne Boleyn: with notes*. Boston, London: John W. Luce & Company, 1906, pp. 39-40.

Sra. Shiguenari

tradução do japonês: Lica Hashimoto

Segundo Mary Ritter Beard,[7] a esposa de Kimura Shiguenari (1593-1615) — samurai do início do período Edo (1603-1868), morto na batalha ocorrida em razão do Cerco de Osaka (uma série de batalhas entre o xogunato Tokugawa contra o clã Toyotomi) — era filha de um vassalo de Toyotomi Hideyoshi (1537-1598) — daimyo (senhor de terras) do período Sengoku, que unificou o Japão. O marido permanecera fiel ao clã Toyotomi, apoiando o filho de Hideyoshi, Toyotomi Hideyori (1593-1615). Assim, imaginando que o marido acabaria morrendo em batalha, resolveu tirar a própria vida, para que não sobrevivesse a ele. Para sempre? Talvez.

---

7. Cf. *The force of women in Japanese History*. Washington: Public Affairs Press, 1953, p. 89.

Carta escrita pela esposa do jovem senhor de terras, Kimura Shiguenari, antes de ela cometer suicídio.[8]

COMPARTILHAR da sombra de uma mesma árvore; navegar pelas correntezas de um mesmo rio deve-se ao carma de nossas vidas pregressas, mas saiba que, desde nossa união, no ano retrasado, felicidade é o que sinto em viver junto de ti, como parte do contorno de tua sombra.

Soube que lutarás em nome de nosso excelso senhor, mesmo ciente de que esta será tua última e derradeira batalha e, lá no íntimo de meu ser, saiba que tua decisão muito me alegra.

Ouvi dizer que, ao prenúncio da tragédia que vos aguardavam, não só o grande general chinês Hsiang Yu sentiu grande tristeza ao dar o adeus à sua dama e senhora Yu, como também nosso bravo guerreiro Kiso Yoshinaka muito se condoeu ao se despedir de sua dama e senhora Matsu.

E, ao perder toda e qualquer esperança de reencontrar-te nesta vida, decidi-me pela morte enquanto ainda estiveres vivo,[9]

---

8. *Takarajima*, Tokyo, n. 1420, abr. 2007. Bessatsu, Tokubetsutokkotai.
9. Era considerado uma virtude e um ato sublime, tanto a mulher ser capaz de se sacrificar pelo marido, pela casa e pela família, quanto o homem ser

pois assim poderei te aguardar no que dizem ser a estrada da morte; esta que nos conduzirá para o outro mundo.

Peço-te, por favor, que jamais te esqueças quão generoso tem sido nosso excelso senhor Toyotomi Hideyori. Generosidade esta que sempre foi tão mais profunda que o mar, tão mais elevada que as montanhas.

Desta, que é tua.

---

capaz de dar a vida ao seu senhor e a pátria, por decisão própria. (Nota da publicação original)

VOLTAIRE

Tradução do francês: Emerson Tin

Voltaire (1694-1778), pseudônimo de François-Marie Arouet, escritor e filósofo francês. O jovem Arouet havia sido empregado por seu pai como secretário do embaixador francês na Holanda. Ali, apaixonou-se perdidamente por uma jovem francesa, Catherine Olympe Dunoyer (1692-1769-70?). Olympe, ou Pimpette, parece que não era muito bem-educada, de forma que a ligação desagradou ao pai de Voltaire e ao embaixador, que, na tentativa de conter os ímpetos dos amantes, trancafiou o jovem filósofo. Contudo, a despeito das precauções, ele conseguiu fugir com sua Pimpette. Assim, não havia solução a não ser enviá-lo de volta a Paris. Para sempre? Nem sempre. Como a distância apaga o amor, o de Voltaire e Olympe foi arrefecendo, até ser substituído por outro, eterno enquanto dure...

À SENHORITA Dunoyer.[10]

Estou aqui prisioneiro em nome do rei; podem me tirar a vida, mas não o amor que tenho por vós.[11] Sim, minha adorável amante, eu vos verei esta noite, mesmo que tenha de perder a cabeça em um cadafalso. Não me faleis, em nome de Deus, em termos tão funestos quantos os em que me escrevestes; vivei, e sede discreta: guardai-vos da senhora vossa mãe como do inimigo mais cruel que tenhais; que digo eu? Guardai-vos de todo o mundo, não vos fieis em ninguém; estejais pronta logo que a lua apareça; eu sairei daqui incógnito, tomarei uma carruagem ou uma sege, nós iremos como o vento em Scheveling;[12] eu levarei tinta e papel, nós faremos nossas cartas. Mas, se me amais,

---

10. Voltaire. "À senhorita Dunoyer [1713]". In: Voltaire. *Oeuvres de Voltaire*, tome LI, avec préfaces, avertissements, notes, etc. par M. Beuchot. Correspondance – Tome I. Paris: Chez Lefèvre, Libraire, 1830. pp. 6-7. (Disponível em: <http://books.google.com.br/books?id=wyMaAAAAYAAJ&pg=PA1 1&dq=Voltaire+Lettres+Dunoyer+1713+Haye&lr=&as_brr=1#PPP7,M1>. Acesso em 15/1/2009.)
11. Voltaire utiliza o pronome *"vous"* (vós, em francês) com relação à namorada, que é o registro respeitoso e formal da língua francesa, ao contrário do *"tu"* (tu, em francês), marca de intimidade das relações. Cf., em oposição, as cartas de Victor Hugo à noiva Adélia. (N. do T.)
12. Ou Scheveningen, a meio caminho de Haia, no litoral holandês. (N. do E.)

consolai-vos, convocai vossa virtude e toda vossa presença de espírito; controlai-vos diante da senhora vossa mãe, esforçai-vos por obter vosso retrato e contai que mesmo a possibilidade dos maiores suplícios não me impedirá de vos servir. Não, nada é capaz de me separar de vós: nosso amor está fundado sobre a virtude, ele durará tanto quanto nossa vida; dai ordem ao sapateiro de ir procurar uma sege: mas não, não quero que vos fieis nele; ficai pronta às quatro horas, eu vos esperarei perto da vossa rua. Adeus; não há nada a que não me exponha por vós: vós o mereceis muito máis. Adeus, meu coração.

AROUET

À SENHORITA Dunoyer.[13]
Paris, 2 de janeiro de 1714.

Desde que cheguei a Paris, fui eu mesmo ao correio todos os dias, a fim de retirar vossas cartas, que temia que caíssem nas mãos de meu pai. Enfim, acabo de receber uma, essa terça à tarde, 2 de janeiro: ela é datada de Haia, de 28 de dezembro, eu lhe respondo imediatamente. Beijei mil vezes essa carta, embora vós não me faleis nela de vosso amor; é suficiente que ela venha de vós para que me seja infinitamente cara: eu vos provarei, contudo, pela minha resposta, que não sou tão polido como vós o dizeis; não vos chamarei senhora, como me chamais senhor; só posso chamá-la minha querida: e se vos queixais de minha falta de polidez, não vos queixareis de minha falta de amor. Como podeis suspeitar desse amor que não findará a não ser com a minha vida? E como podeis reprovar minha negligência? Isso seria bom para mim para vos repreender, já que tão bem renuncio à poli-

---

13. Voltaire, op. cit., pp. 25-28.

dez, ou antes, sou bem infeliz que não tenhais recebido duas cartas que vos escrevi, uma de Gand e a outra de Paris. Não seríeis vós mesma tão negligente por não terdes retirado essas cartas? Se vós as havíeis visto, condenaríeis bem vossas repreensões e vossas suspeitas; teríeis lido nelas que sou mais infeliz que vós, e que vos amo mais que vós me amais. Vós teríeis sabido que sr. Ch...[14] escreveu a meu pai, já irritado comigo, uma carta tal que não se escreveria a um celerado. Cheguei a Paris no tempo em que meu pai, acreditando nessa carta, obtivera uma ordem de prisão para me fazer encarcerar, após me haver deserdado. Eu me escondi durante alguns dias, até quando meus amigos o tinham apaziguado um pouco, isso quer dizer que o tinham convencido a ter ao menos a bondade de me enviar às ilhas, com pão e água: eis tudo o que pude obter dele, sem ter podido mesmo o ver. Empreguei os momentos em que pude me mostrar na cidade para ver o abade Tournemine e eu lhe entreguei as cartas de que vós me havíeis encarregado. Ele engaja o bispo de Évreux em vossos interesses. Quanto a mim, eu me resguardaria de que vossa família viesse tão-somente suspeitar que eu vos conheço; isso estragaria tudo, e sabeis que vosso interesse só me faz agir. Não fico a me lamentar inutilmente da imprudência com a qual agimos ambos em La Haie; é essa imprudência que será a causa de bens e de males: mas, enfim, o que está feito está feito, e a escusa pode repará-la apenas. Já vos disse, em minhas cartas, que a consolação de ser amado faz esquecer todos os sofrimentos; temos uma e outro necessidade demais de consolação, por não nos amarmos sempre: virá talvez um tempo em que seremos

---

14. Trata-se de Castagnier ou Castagnère, marquês de Châteauneuf, irmão de François de Castagnier, abade de Châteauneuf, padrinho de Voltaire. (N. do E.)

mais felizes, ou seja, em que poderemos nos ver; cedamos à necessidade e escrevamos-nos bem regularmente, vós à sra. Dutilli, na rua Maubuée, na Rosa vermelha, e eu à sra. Bonnet. Eu vos darei talvez logo um outro endereço, pois creio que partirei imediatamente para Brest; não deixeis, contudo, de me escrever a Paris; mandai-me vossos sentimentos sobretudo, e sede persuadida que vos amarei sempre, ou serei o mais infeliz de todos os homens. Vós sabeis bem, minha querida Olímpia, que meu amor é de gênero diferente desse amor da maioria dos jovens, que procuram, ao amar, somente contentar o excesso e sua vaidade: olhai-me como um amante, mas olhai-me como um amigo verdadeiro; esta palavra reúne tudo. A distância não mudará nada em meu coração: se vós acreditais em mim, eu vos peço, para prêmio de minha ternura, uma carta de oito páginas escritas em letra miúda; esquecia-me de vos dizer que as duas que vós não haveis recebido foram ao endereço da sra. Santoc de Maisan, em La Haie. Respondei-me imediatamente, a fim de que, se vós tendes algumas ordens a me dar, vossa carta me encontre ainda em Paris pronto a executá-las: eu me reservo, como vós, a vos mandar certas coisas quando tiver recebido vossa resposta. Adeus, minha bela amante; amai um pouco um infeliz amante, que gostaria de dar sua vida para vos fazer feliz; adeus, meu coração.

Arouet

À Senhorita Dunoyer.[15]
Paris, 10 de fevereiro.

Minha querida Pimpette, todas as vezes que vós não me escreveis, imagino que não haveis recebido minhas cartas; pois eu

---

15. Ibidem, pp. 30-31.

não posso crer que a distância tenha feito sobre vós o que não pode fazer sobre mim; e, como vos amo sempre, eu me persuado de que vós me amais ainda. Esclarecei-me então duas coisas: se vós haveis recebido minhas duas últimas cartas e se estou ainda em vosso coração: avisai-me sobretudo se vós haveis recebido minha última, que vos escrevi em 20 de janeiro, na qual falei do bispo de Évreux, e de outras pessoas das quais arrisquei os nomes; mandai-me alguma coisa de certo por vossa resposta a essa carta; sobretudo, instruí-me, eu vos conjuro, do estado de vossa saúde e de vossos negócios; endereçai vossa carta ao sr. Cavaleiro de Saint-Fort, na casa do sr. Alain, perto dos degraus da praça Maubert. Que vossa carta seja mais longa que a minha; terei sempre mais prazer em ler uma de vossas cartas de quatro páginas que vós o teríeis em ler uma das minhas de duas linhas.

Arouet

LUDWIG VAN BEETHOVEN

Tradução do alemão: Marcus Tulius Franco Morais

Ludwig van Beethoven (1770-1827), um dos maiores compositores de todos os tempos. Lemos aqui o que poderíamos chamar de uma carta dividida em três capítulos (na verdade, trata-se de uma sequência de três cartas que podem, no entanto, ser lidas como uma única à célebre e misteriosa "amada imortal" — cuja identidade até hoje ainda paira incerta, embora já tenha sido identificada como a condessa Giulietta Guicciardi (1784-1856) —, que foi o mote do filme Immortal beloved *(Minha amada imortal, 1994). Para sempre? O mistério, talvez, sim...*

6 DE JULHO, de manhã[16]
Meu anjo! Meu tudo! Meu eu!

Só algumas palavras por hoje, e as escrevo a lápis (que é teu). Meus aposentos só amanhã estarão em ordem.[17] Que maçante perda de tempo! Por que tanta tristeza, quando a necessidade fala? O nosso amor pode existir sem sacrifícios, sem exigir tudo. Podes mudar o fato de não seres toda minha nem eu todo teu? Ah, meu Deus! Contempla, meu anjo, as belezas da natureza e conforta teu ânimo com aquilo que nos cabe. O amor quer tudo, e com todo o direito, assim é comigo com relação a ti e contigo com relação a mim; só que tu esqueces facilmente que tenho de viver para mim e para ti. Se fôssemos um só, nenhum sentiria tamanha dor.

---

16. Beethoven, Ludwig van. "Brief (15) – An die Gräfin Giulietta Guicciardi". In: *Briefe Beethovens*. Herausgegeben von Ludwig Nohl. Stuttgart: Verlag der J. C. Gotta'ichen Buchhandlng, 1865, pp. 21-23. (N. do T.)
17. Beethoven não tinha residência fixa a essa altura. Primeiro instalou-se na pousada "Zur goldenen Sonne". No dia seguinte, em 7 de julho, transferiu-se para a pousada "Zur Eiche". Só então fez seu registro (todo viajante tinha de deixar o nome em uma lista de pessoas não residentes nos respectivos lugares. Em Teplitz, onde Beethoven se encontrava, era o "Anzeigs-Protocoll"). (N. do T.)

A minha viagem foi medonha! Só consegui chegar aqui às quatro da madrugada de ontem. Com a falta de cavalos, o cocheiro optou por outro caminho.[18] Mas a estrada está horrível! Na penúltima estação fui advertido do perigo de viajar à noite, e amedrontaram-me a respeito de certa floresta, quando era isso que me excitava; mas estava enganado. O coche não resistiu e se quebrou naquela estrada horrível! Um caminho intransitável [*riscado por Beethoven:* e os]. Sem os dois postilhões, eu teria ficado no caminho. Aconteceu o mesmo a Esterházy[19] viajando pela estrada habitual com oito cavalos, enquanto eu tinha quatro. Contudo, senti prazer, o que invariavelmente sinto quando saio vitorioso de alguma dificuldade. Agora passo sem demora do exterior para o interior do homem. Nós nos veremos sem dúvida muito em breve. Hoje não posso partilhar contigo as considerações que tenho feito nos últimos dias sobre a minha vida. Se os nossos corações ficassem eternamente unidos, eu não sofreria assim. Meu peito está repleto de coisas para te dizer. Ah! Algumas vezes penso que a palavra não serve para absolutamente nada. Força e coragem! Seja sempre meu mais fiel e único tesouro, meu tudo, como sou para ti. E quanto ao que nos está reservado, os deuses tratarão de enviá-lo!

Teu fiel, Ludwig

---

18. A partida de Beethoven, de Praga, é comentada no *Prager Oberpostamtszeitung* com a data do dia 4 de julho de 1812. O protocolo de Teplitz atesta sua chegada no dia 5 de julho de 1812. Supostamente Beethoven foi por uma estrada secundária. Para a estrada usual, era necessário um coche com oito cavalos. (N. do T.)
19. Príncipe Paul Anton III Esterházy (1786-1866), plenipotenciário do governo austríaco na Corte da Saxônia. (N. do T.)

TARDE DE segunda-feira, 6 de julho
Não sofras, tu, minha mais preciosa criatura! Há instantes, me dei conta de que a correspondência tem de ser postada de manhãzinha. Segundas e quintas-feiras são os únicos dias em que a correspondência vai daqui para K.[20] Não sofras! Ah, onde estou, tu estás comigo. Falo sozinho e falo contigo tentando dar um jeito de viver ao teu lado. Que vida!!!! Assim!!!! Sem ti! Perseguido por toda parte por gentilezas que não mereço nem tentei merecer![21] A humildade do homem para com o outro me faz mal. E quando me sinto parte do universo, o que sou eu e quem é aquele a quem chamam o maior? Todavia é aí que reside o sentimento divino da humanidade! Choro pensando que só receberás as primeiras notícias minhas provavelmente no sábado. Por mais que possas me amar, mais profundamente eu te amarei. Nunca me ocultes os teus sentimentos. Boa noite! Feito um banhista[22] desses balneários, tenho de ir para a cama [*riscado:* oh, vem comigo, vem comigo!] Ah, meu Deus! Tão perto! Tão distante! O nosso amor não é uma construção divina, e tão sólido quanto a abóbada do céu!

---

20. Provavelmente trata-se de Karlsbad. No dia seguinte, Beethoven relata feliz que por aqueles dias (no pico do verão) o coche do correio saía todo dia. (N. do T.)
21. As gentilezas das pessoas à volta de Beethoven irritam-no. Suspeita que elas sintam compaixão por ele porque já perdia sua audição e andava enfermo. Essa compaixão voltada à sua pessoa deixava-o ciente da gravidade da enfermidade. (N. do T.)
22. Beethoven encontrava-se em Trepliz em tratamento de suas doenças e de sua audição debilitada. (N. do T.)

7 DE JULHO

Bom dia!

Antes de me levantar, meus pensamentos se apressam a ti, meu amor imortal! Ora alegre, ora triste, esperando do destino que ele nos ouça. Só posso viver ou completamente contigo, ou de nenhum outro modo. Sim, estou firmemente decidido a errar ao longe até que eu possa voar para teus braços e sentir que eles são meu lar, e mandar minha alma junto com a tua ao reino dos espíritos. Ai! Tem de ser assim! Tomarás coragem, porque sabes que sou fiel a ti. Nunca outra mulher terá o meu coração. Nunca, nunca! Oh, meu Deus! Por que me afastar de quem amo tanto? No entanto, minha existência em V. era tão miserável quanto aqui. O teu amor fez de mim ao mesmo tempo o mais feliz e o mais infeliz dos homens. Na minha idade, a vida requer alguma uniformidade e equilíbrio. Isso pode ser encontrado em nossa relação? Meu anjo! Ouvi que há correio todos os dias, e preciso parar por aqui para que possas receber esta carta em breve. Fica tranquila! Somente contemplando a nossa vida com calma alcançaremos o objetivo de vivermos juntos. Fica tranquila! Continua me amando, hoje, ontem! Quanta saudade e quantas lágrimas pensando em ti! Em ti! Em ti! Minha vida! Meu tudo! Adeus! Ah! Queira-me sempre! Não duvides nunca do coração constante do teu querido.

L.

sempre teu
sempre minha
sempre um do outro

D. Pedro I

D. Pedro I (1798-1834), imperador do Brasil. A carta que lemos é uma das várias enviadas a uma de suas mais célebres amantes, Domitília de Castro Canto e Melo, a Marquesa de Santos (1797-1867), e desfaz a imagem oficial de duas personalidades históricas, vistas aqui pelo buraco da fechadura: é o "Demonão" que escreve à sua "Titília", oferecendo "abraços e beijos e fo...".

Santa Cruz, 17 de novembro de 1822[23]
Cara Titília
Foi inexplicável o prazer que tive com as suas duas cartas. Tive arte de fazer saber a seu pai que estava pejada[24] de mim (mas não lhe fale nisto) e assim persuadi-lo que a fosse buscar e a sua família, que não há de cá morrer de fome, muito especialmente o meu amor, por quem estou pronto a fazer sacrifícios.
Aceite abraços e beijos e fo...

> Deste seu amante que
> suspira pela ver cá o
> quanto antes,
>
> O Demonão[25]

---

23. Pedro I, imperador do Brasil. *Cartas de Pedro I à Marquesa de Santos*. Notas de Alberto Rangel. Coordenação editorial de Emanuel Araújo. Rio de Janeiro: Nova Fronteira, 1984, p. 53.
24. Grávida. (N. do E.)
25. Segundo hipótese de Alberto Rangel, "tratamento provavelmente dado a dom Pedro por dona Domitília, em certas circunstâncias de maior intimidade" (op. cit., p. 63).

Victor Hugo

Tradução do francês: Emerson Tin

Victor Hugo (1802-1885), poeta e escritor francês. As cartas de Hugo à sua noiva Adélia Foucher (1803-1868) são dos melhores exemplos de cartas de amor de todos os tempos. Nelas podemos ver consubstanciados vários dos lugares-comuns da correspondência amorosa: a dúvida sobre a equivalência de sentimentos do ser amado, o pedido de assiduidade na escrita das cartas, a presentificação do ser amado por meio da carta etc. Após uma longa e apaixonada correspondência, Adélia e Hugo casaram-se em 12 de outubro de 1822. Adélia morreria em 27 de agosto de 1868, longe do marido, que havia se exilado após o golpe de Estado que culminara na ascensão de Napoleão III. No mês anterior, julho, ela escrevera ao marido: "é o fim do meu sonho de morrer nos teus braços".

SÁBADO[26] à noite (janeiro de 1820)[27]

Algumas palavras tuas, minha Adélia querida, mudaram o estado de minha alma. Sim, tu podes tudo sobre mim, e, amanhã, eu estaria morto se ignorasse que o doce som de tua voz, que a terna pressão de teus lábios adorados não fossem suficientes para relembrar a vida em meu corpo. Como vou dormir essa noite diferente de ontem! Ontem, Adélia, toda minha confiança no futuro me havia abandonado, eu não acreditava mais em teu amor, ontem a hora de minha morte teria sido bem-vinda.

— Contudo, dizia-me eu então, se é verdade que ela não me ama, se nada em minha alma pôde merecer esse bem de seu amor sem o qual não há mais encanto em minha vida, isso é uma razão para morrer? É para minha felicidade pessoal que eu existo? Oh, não! Todo meu ser lhe é devotado, mesmo que contra sua vontade. E por qual direito ousaria eu pretender o seu amor? Sou eu então mais que um anjo ou que um deus? Eu a amo, sim, é verdade; estou pronto a tudo lhe sacrificar com alegria, tudo, até

---

26. Hugo, Victor. *Lettres à la fiancée, 1820-1822: oeuvres posthumes*. Paris: E. Fasquelle, 1901. Disponível em: <http://gallica2.bnf.fr/ark:/12148/bpt6k745493. image.r=Hugo%2C+Victor+Lettres+%C3%A0+la+fianc%C3%A9e%2C+1820-1822.f351.langES.hl>. Acesso em 15/1/2009. (N. do T.)
27. Ibidem, pp. 17-19 (ed. francesa, pp. 17-19).

a esperança de ser amado por ela; não há devotamento do qual eu não seja capaz por ela, por um de seus sorrisos, por um de seus olhares. Mas poderia ser de outro modo? Não é ela o único objetivo de minha vida? Caso ela me mostre indiferença, até mesmo ódio, isso será minha infelicidade, eis tudo. Que importa, se isso não prejudica sua felicidade! Oh!, sim, se ela não pode me amar, devo acusar apenas a mim. Meu dever é de me prender a seus passos, de envolver sua existência com a minha, de lhe servir de fortaleza contra os perigos, de lhe oferecer minha cabeça como estribo, de me postar sem cessar entre ela e todos os sofrimentos, sem reclamar salário, sem esperar recompensa. Bastante feliz se ela se dignasse algumas vezes de lançar um olhar de piedade sobre seu escravo e de se lembrar de mim no momento do perigo! Ai de mim! Que ela me deixe lançar minha vida diante de todos seus desejos, de todos seus caprichos; que ela me permita beijar com respeito o rastro adorado de seus pés, que ela consinta em apoiar-se por vezes em mim nas dificuldades da existência, e eu teria obtido a única felicidade à qual tive presunção de aspirar. Uma vez que estou pronto a tudo lhe imolar, ela me deve algum reconhecimento? É sua culpa, se eu a amo? É preciso que ela se creia por isso constrangida a me amar? Não, ela poderia escarnecer de meu devotamento, pagar com ódio meus serviços, repelir minha idolatria com desprezo, sem que eu tivesse por um momento o direito de me queixar desse anjo, sem que eu devesse cessar um instante de lhe prodigalizar tudo o que ela desdenharia. E quando cada um de meus dias tivesse sido marcado por um sacrifício para ela, no dia de minha morte eu ainda não teria quitado a dívida infinita de meu ser com o seu. —

  Ontem, a esta hora, minha Adélia bem-amada, eram esses os pensamentos e as resoluções de minha alma. São ainda os mesmos de hoje. Somente a eles se mistura a certeza da felicidade, dessa felicidade tão grande que nela jamais penso a não ser tremendo de ousar nela acreditar.

Então é verdade que tu me amas, Adélia! Dize-me, posso me fiar nesta arrebatadora ideia? Tu crês que não acabarei por me tornar louco de alegria se puder para sempre toda minha vida ficar a teus pés, certo de te fazer tão feliz quanto eu serei feliz, certo de ser tão adorado por ti quanto tu és adorada por mim? Oh! Tua carta me devolveu o repouso, tuas palavras dessa noite me encheram de felicidade. Agradeço-te mil vezes, Adélia, meu anjo bem-amado. Gostaria de poder me prostrar diante de ti como diante de uma divindade. Como tu me tornas feliz! Adeus, adeus. Vou passar uma noite bem doce a sonhar contigo.

Dorme bem e deixa teu marido te tomar os doze beijos que tu lhe prometeste e todos aqueles que tu não lhe prometeste.

28 DE MARÇO [de 1820][28]

Tu me pedes algumas palavras, Adélia, e que queres que eu te diga que eu já não te tenha dito mil e uma vezes? Queres tu que eu te repita que eu te amo? Mas as expressões me faltam... Dizer-te que te amo mais que a vida não seria te dizer grande coisa, pois tu sabes que não sou louco pela vida. Era só o que me faltava! A propósito, eu te proíbo, ouve, eu te proíbo de me falar uma vez mais de meu *desprezo*, de minha *falta de estima* por ti. Vós me aborreceríeis seriamente se vós me forçásseis a vos repetir que não vos amaria se não vos estimasse.[29] E donde viria, por favor, minha *falta de estima* por ti? Se um de nós dois tem culpa, certamente não é minha, Adélia. Não temo, entretanto, que tu

---

28. Ibidem, pp. 22-23 (ed. francesa, pp. 25-26).
29. A alternância entre *tu* e *vous* ocorre no original. (N. do E.)

me desprezes, pois espero que tu conheças a pureza de meus objetivos. Sou teu marido, ou ao menos eu me considero como tal. Somente tu poderás me fazer renunciar a esse título.

O que se passa ao redor de ti, minha amiga? Alguém te atormenta? Informa-me de tudo. Gostaria que minha vida pudesse te ser boa para alguma coisa.

Sabes tu uma ideia que faz os três quartos de minha felicidade? Penso que poderei sempre ser teu marido, apesar dos obstáculos, mesmo que seja por um dia. Nós nos casaríamos amanhã, eu me mataria depois de amanhã, teria sido feliz e ninguém teria censuras a te fazer. Tu serias minha viúva. — Não poderia, minha Adélia, em todos os casos, isso se arranjar assim? Um dia de felicidade vale bem uma vida de infelicidade.

Escuta, pensa em mim, minha amiga, pois eu penso apenas em ti. Tu me deves isso. Eu me esforço por me tornar melhor para ser mais digno de ti. Se tu soubesses quanto eu te amo!... Nada faço que não seja em tua intenção. Trabalho unicamente para minha mulher, minha bem-amada Adélia. Ama-me um pouco em compensação.

Ainda uma palavra. Agora tu és a filha do general Hugo. Não faças nada indigno de ti, não suportes que te faltem com o respeito; mamãe faz questão dessas coisas. Creio que essa excelente mãe tem razão. Tu vais me tomar por um orgulhoso, do mesmo modo que tu me crês vaidoso de tudo o que chamam de meu sucesso, e, contudo, minha Adélia, Deus me é testemunha que não seria orgulhoso a não ser de uma única coisa, de ser amado por ti.

Adeus, tu me deves ainda oito beijos que tu me recusarás sem dúvida eternamente. Adeus, todo teu, apenas teu.

V.

16 DE MARÇO [de 1821][30]

Havia perdido, Adélia, o hábito da felicidade. Provei, ao ler teu bilhete bastante curto, toda a alegria da qual estive privado há quase um ano. A certeza de ser amado por ti me tirou violentamente de minha longa apatia. Estou quase feliz. Procuro expressões para te explicar minha felicidade, a ti que é a causa dela, e não as posso encontrar. Entretanto, tenho necessidade de te escrever. Muitos sentimentos me transtornam ao mesmo tempo para que eu possa viver sem os expandir.

Aliás, sou teu marido e tu não podes ter escrúpulos ao se corresponder com teu marido. Nós estamos unidos por um laço sagrado. O que fazemos é legítimo a nossos olhos e também o será um dia aos olhos do mundo inteiro. Ao nos escrevermos, usamos de um direito, obedecemos a um dever.

Tu terias, aliás, coragem, minha Adélia bem-amada, de me privar tão rápido de uma felicidade que é hoje tudo para mim? É necessário que nós leiamos os dois mutuamente no fundo de nossas almas. Eu te repito, se tu ainda me amas, tu não deves ter nenhum escrúpulo para me escrever, já que tu és minha mulher.

Escreve-me então, escreve-me com frequência. Quando tenho em minhas mãos um de teus bilhetes adorados, acredito que estás perto de mim. Não me invejes ao menos esta doce ilusão. Anota para mim tudo o que tu pensas, tudo o que tu fazes. Viveremos assim um para o outro; será quase como se nós já vivêssemos um com o outro. Eu te darei igualmente um diário de minhas ações, pois elas são tais que tu podes todas conhecer. Há um ano, tenho continuamente agido como se eu estivesse diante de ti. Seria bem feliz, Adélia, se tu pudesses me dizer algo seme-

---

30. Ibidem, pp. 35-37 (ed. francesa, pp. 47-48).

lhante! Tu me prometes, não é, falar-me no futuro de teus prazeres, de tuas ocupações, de iniciar teu marido em todos teus segredos? Cultiva teu talento encantador,[31] mas que isso jamais seja para ti mais que um talento encantador, jamais um meio de existência. Isso cabe a mim. Quero que, na vida, tu tenhas todo o prazer, toda a glória; para mim, todo o sofrimento; ele me será doce, sofrer por ti. Tu serás minha alma, eu serei teu braço.

Ignoro se tu poderás ler todos esses rabiscos. Ai de mim! Toda minha felicidade, no presente, consiste em uma esperança, a de que tu me responderás!

Teu marido

Sexta-feira, 5 de outubro [de 1821][32]

Eu te havia escrito uma longa carta, Adélia; ela era triste, eu a rasguei. Eu a havia escrito porque tu és o único ser no mundo ao qual eu posso falar tão intimamente de tudo o que eu sofro e de tudo o que eu temo. Mas ela te causaria talvez algum sofrimento, e eu não te afligiria jamais voluntariamente com minhas aflições. Eu as esqueço todas, aliás, quando te vejo. Tu não sabes, tu não imaginas, minha Adélia, quão grande é a minha felicidade ao te ver, ao te ouvir, ao te sentir perto de mim! Agora, que há dois dias eu não te vejo, penso nisso apenas com uma embriaguez de algum modo convulsiva. Quando passo um instante perto de ti, fico bem melhor; há no teu olhar alguma coisa de nobre, de generoso, que me exalta; parece-me, quando teus olhos se fixam nos meus, que tua alma passa para a minha.

---

31. Adélia desenhava muito bem. (Nota da edição francesa, trad. do editor)
32. Hugo, op. cit., pp. 53-54 (ed. francesa, pp. 75-76).

Então, oh!, então, minha bem-amada Adélia, eu sou capaz de tudo, eu me engrandeço com todas tuas doces virtudes.

Quanto eu gostaria que tu pudesses ler tudo o que há em mim, que tua alma pudesse penetrar na minha como teu sorriso penetra em todo meu ser! Se, juntos, nós ficássemos sozinhos somente por uma hora, Adélia, tu verias quanto eu teria para me queixar se eu não tivesse a maior das felicidades e a mais doce das consolações na ideia de ser amado por ti.

Eu te havia escrito todos os meus sofrimentos sem refletir que eu te escrevia coisas que podem apenas ser ditas, e ditas a ti somente... Percebo que recaio nas reflexões que me fizeram rasgar minha primeira carta. Sonha, minha Adélia, que tudo isso não é nada: quando eu tiver alguns instantes de indizível felicidade ao te ver, o que importa que o resto de meus dias seja sombrio; e, quando eu te tiver enfim conquistado, minha bem-amada Adélia, o que serão os anos de provações que me parecem agora tão longos e tão amargos?

Adeus, escreve-me e multiplica o mais possível, eu te suplico, nossas curtas entrevistas. Isso é absolutamente minha única consolação, pois não penso que tu me faças a injúria de crer que os prazeres do amor-próprio e os triunfos do orgulho sejam alguma coisa para mim. Tu somente és toda minha alegria, toda minha felicidade, toda minha vida. Eu não valho nada a não ser por ti e para ti. Tu és para mim todo teu sexo, já que tu me ofereces o conjunto de tudo o que nele há de perfeito.

Adeus, minha muito querida Adélia; eu te beijo muito ternamente e muito respeitosamente.

Teu fiel marido

Segunda-feira, 9 horas da noite (26 de agosto [de 1822])[33]

Para mim, seria muito doce, minha Adélia, passar toda a noite a te escrever, como tantas vezes já me aconteceu; mas seria necessário renunciar a uma outra felicidade igualmente muito doce, a de sonhar contigo, e eu prefiro dividir minha noite entre essas duas felicidades. Aliás, isso será te obedecer, o que é uma alegria a mais.

Querida amiga, se tu soubesses quão grande é a felicidade de meus sonhos!... Frequentemente, encantadoras ilusões te transportam, minha Adélia bem-amada, aos braços de teu marido; ele te aperta junto ao coração, teus lábios adorados comprimem seus lábios, tu te agradas com suas carícias, tu lhe responde, Adélia, todo seu ser se confunde com o teu... Depois, o excesso de felicidade me acorda, e nada!... E minha cama vazia, e minha Adélia ausente, e toda a triste realidade! Então, querida amiga, eu tenho tanto para lastimar quanto tinha para ser invejado, parece-me que eu passo do céu ao inferno. É nesses momentos, meu anjo querido, que tenho muita necessidade, para restabelecer minha coragem, de pensar que o dia em que tantos sonhos deliciosos não serão mais sonhos não está longe de nós.

Ai de mim! Meus sonhos, Adélia, foram durante tanto tempo toda minha felicidade! Durante nossa longa e dolorosa separação, tinha eu outra coisa além das doces mentiras da noite e do sono? Foi então que as noites, quando a aflição me permitia dormir, eram verdadeiramente a única parte feliz de minha vida; foi então que experimentei que as infelicidades tão cruéis de um amor inocente são adoçadas por essa mesma inocência. Nessa época em que meus dias eram tão tristes e tão isolados, pareceu-me que todas as alegrias de minha alma se refugiavam nos meus

---

33. Ibidem, pp. 214-216 (ed. francesa, pp. 316-319).

sonhos. Tu aparecias em todos os meus sonos, e se, por vezes, dolorosas lembranças se misturavam confusamente a esses encantadores sonhos, ao menos tu estavas lá, e tua imagem espargia seu encanto sobre tudo. Parecia-me que tu eras a testemunha de meus tormentos, a consoladora de meus sofrimentos, e nesses sonhos queridos quanto não abençoei as dores às quais eu devia a felicidade de ser consolado por ti!

Mas então era o despertar que era horrível! Eu perdia tudo, quase até a esperança. Enquanto agora, mesmo quando tu me escapaste com meu sonho, me resta ainda a mais deliciosa, não digo das esperanças, mas das certezas. Em um mês, minha Adélia... Não achas tu que um mês é muito longo? Perdão por esta questão presunçosa. Deixei-me um momento extraviar-me pela ideia de ser amado por ti tanto quanto tu és adorada por mim. Querida amiga, tu me permitiste, tu me ordenaste a nela acreditar, mas não ouso me envaidecer com tal felicidade. Tu vais me repreender ainda talvez... Oh!, repreenda-me, dize-me, repete-me que tu me amas como eu te amo. Tu sabes bem, Adélia, que é por essas palavras que eu vivo, tu sabes bem que toda minha existência depende da tua, tu sabes bem que um dia tu tiveste minha vida entre tuas mãos, esse dia em que ousei te dizer que eu te amava e em que tu te dignaste de me responder...

Adélia, esta encantadora resposta decidiu minha vida, meu destino, minha eternidade. Ela somente sairá de meu coração se tu a arrancares de lá; pois, Adélia, depende só de ti tirar-me o bem que tu me deste, teu amor. O que quer dizer que minha vida está à tua discrição. Faze de teu Victor o que tu quiseres, contanto que tu o ames. É a única necessidade de sua felicidade. Todo o resto não é nada.

Por isso, quando eu te vejo por um momento fria ou descontente, minha doce Adélia, eu não saberia te dizer tudo o que experimento de doloroso. Parece-me que eu vivo menos, que minha alma está desconfortável. Uma palavra terna vinda de ti me devolve toda minha vida, e isso é o que me aconteceu esta noite.

Adeus, trouxe ao te deixar o que me faltou ontem, a consolação de um doce adeus; eu vou dormir bem, quer dizer, sonhar deliciosamente. Em que dia, pois, cessará minha viuvez? Ainda um longo mês, e este mês terá trinta dias de um século, e estes dias cada um vinte e quatro horas eternas.

Adeus, minha Adélia adorada; tu dormes agora, parece-me te ver repousar, teus olhos encantadores fechados, tuas mãos tantas vezes cobertas pelos meus beijos cruzadas sobre teu seio bem-amado, parece-me ver teu hálito tão fresco e tão puro sair em intervalos iguais de tua boca, sobre a qual eu não posso pousar a minha!

Ó, Adélia, quando então?... Em um mês, não é?

ALFRED DE MUSSET

Tradução do francês: Emerson Tin

Alfred de Musset (1810-1857), poeta e dramaturgo francês. Musset foi amante de George Sand, pseudônimo de Amandine-Aurore-Lucile Dupin (1804-1876), entre os anos de 1833 e 1835. A carta selecionada, embora sem data, deve ser do fim de março de 1834 e revela que o relacionamento não era dos mais amenos. Tanto é verdade que, tempos depois, ainda na Itália, Musset adoeceria, e George Sand se tornaria amante do médico que dele tratava, Pietro Pagello (1807-1898). Para sempre? Certamente não!

Sem data. – Escrita de Veneza para Veneza.³⁴

Adeus, minha criança — Eu penso que tu ficarás aqui e que tu me enviarás o dinheiro por Antônio. — Qualquer que seja teu ódio ou tua indiferença por mim, se o beijo de adeus que eu te dei hoje é o último de minha vida, é necessário que tu saibas que ao primeiro passo que dei para fora com o pensamento que eu te havia perdido para sempre, senti que havia merecido te perder, e que nada é duro demais para mim. Se pouco te importa saber se tua recordação me fica ou não, importa-me a mim, hoje que teu espectro se apaga já e se distancia, dizer-te que nada de impuro restará no rastro de minha vida onde tu passaste, e que aquele que não soube te honrar quando te possuía, pode ainda ver claro através de suas lágrimas e honrar-te em seu coração, onde tua imagem não morrerá jamais. — Adeus, minha criança.

---

34. "Carta de Alfred de Musset a George Sand". In: Sand, George. *Correspondance de George Sand et d'Alfred de Musset*. Publiée intégralement et pour la première fois d'après les documents originaux par Félix Decori, avec dessins d'Alfred de Musset et fac-similés d'autographes. Bruxelles: E. Deman, Libraire-Éditeur, 1904, pp. 19-20.

(Resposta a lápis no verso.)

Ao Signor A. de Musset,
In gondola, alla Piazzetta.[35]

Não! Não partas assim. Tu não estás curado ainda e Buloz não me enviou ainda o dinheiro que seria necessário para a viagem de Antônio. Eu não quero que tu partas sozinho. Por que discutirmos, meu Deus? Não sou sempre teu irmão George, o amigo de outrora?

---

35. Em italiano, no original: "Na gôndola. Na pracinha de São Marcos." (N. do E.)

Frédéric Chopin

Tradução do francês: Emerson Tin

Frédéric-François Chopin (1810-1849), compositor e pianista polonês radicado em Paris. Chopin manteve, entre os anos de 1838 e 1847, um turbulento relacionamento amoroso com a escritora George Sand, que fora amante de Alfred de Musset. As cartas, por um lado, não transparecem nem a turbulência nem o amor. Vemos, por outro, contudo, que Chopin mantinha, na correspondência com George Sand, uma linguagem bastante afetiva e particular, que se traduz em expressões como "sou de vossos fósseis o mais fóssil", além de alusões a várias pessoas de seu convívio.

SEGUNDA-FEIRA,[36] 4h30 [Paris, 23 de setembro de 1844][37]
Como estais? Eis que estou em Paris. Entreguei vosso pacote a Joly.[38] Ele estava encantador. Vi a srta. de Rozières,[39] que me fez almoçar. Vi Franchomme[40] e meu editor. Vi Delacroix,[41] que está em repouso. Conversamos durante duas horas e meia sobre música, pintura e, sobretudo, sobre vós. Marquei meu lugar para quinta, estarei na sexta em vossa casa. Vou ao correio, depois à casa de Grzymala,[42] depois à de Léo.[43] Amanhã, ensaio sonatas com Franchomme. Aqui tendes uma folha de vosso jardinzinho. Grzymala acaba de entrar, ele vos diz bom-dia e vos escre-

36. *Correspondance de Frédéric Chopin – La Gloire – 1840-1849*, v. 3. Recueillie, révisée, annotée et traduite par Bronisław Edward Sydow en collaboration avec Suzanne et Denise Chainaye. Paris: Richard Masse, 1960.
37. Op. cit., p. 173.
38. Anténor Joly (1801-1852), diretor do Théâtre de la Renaissance. (N. do T.)
39. Marie de Rozières, aluna de Chopin e que dava aulas de piano a Solange, filha de George Sand. (N. do T.)
40. Auguste-Joseph Franchomme (1808-1884), violoncelista e compositor. (N. do T.)
41. Trata-se do pintor Eugène Delacroix (1798-1863), que deixaria inacabado um retrato de Chopin. (N. do T.)
42. Conde Wojciech Grzymala (1793-1871), amigo de Chopin. (N. do T.)
43. Auguste Léo (1792-1860), amigo de Chopin. (N. do T.)

ve duas palavras. Não digo nada, somente que estou bem e que sou de vossos fósseis o mais fóssil. Não esquecerei nenhuma das incumbências. Vou à casa da princesa Czart.[44] com Grzymala. Abraçai vossos queridos filhos de minha parte. Chopin

SÁBADO, 2h30 [Paris, 12 de dezembro de 1846][45]
    Como deve estar quente em vosso salão, encantadora vossa neve de Nohant[46] e a juventude a fazer o carnaval! Tendes vós um repertório suficiente de contradanças para tocar a orquestra? Borie[47] veio me ver e eu lhe enviarei o corte de lã do qual me falais. Grzym está quase recuperado; mais eis Pleyel[48] com uma recaída de febre. Ele se tornou invisível. Estou muito satisfeito que o mau tempo daqui não se faz sentir por vós. Sede feliz e tende boa saúde, assim como os vossos.
    Vosso todo devotado.
    Ch.
    A vossos caros filhos. Eu vou bem.

---

44. Princesa Czartoryska (1789-1862). (N. do T.)
45. Op. cit., p. 256.
46. Nohant era a maneira como se referiam à propriedade de George Sand nessa localidade. (N. do T.)
47. Alexis-Pierre-Victor-Louis-André Borie (1818-1880), jornalista e amigo de George Sand. (N. do T.)
48. Camille Pleyel (1788-1855), pianista e filho do célebre compositor e fabricante de pianos Ignaz Joseph Pleyel (1757-1831), que continuou os negócios do pai. (N. do T.)

Gonçalves Dias

Antônio Gonçalves Dias (1823-1864), poeta e dramaturgo brasileiro. O grande amor de sua vida foi Ana Amélia Ferreira do Vale (c.1831-1905), mas, como nem sempre amor e casamento puderam andar juntos, Gonçalves Dias foi impedido de casar-se com Ana Amélia — por preconceito da família da moça em razão da ascendência mestiça do poeta. Casou-se, então, com Olímpia da Costa, no ano de 1852. É à esposa que dirige a carta que lemos aqui. Se nela não encontramos os arroubos de uma grande paixão, podemos perceber o cuidado amoroso de um preocupado pai de família.

OLÍMPIA[49]

Recebi, chegando a Lisboa, a carta que V. me escreveu para Londres: essa era a que eu desejaria ter recebido em Southampton, pela notícia que V. me dá de que a Clotilde se dispensa de acompanhá-la. V. enjoa, não pode vir sem criada; faça, pois, todo o possível por trazer alguma, quando não seja senão para a viagem. V. não pode andar em caminhos de ferro, em vapores, embarcar, e desembarcar com uma criança ao colo. Talvez a Agostinha queira vir; se não quiser, talvez no Asilo encontre alguma; — como quer que seja, se V. pensar um pouco, verá que não pode eximir-se de trazê-la.

Estimei saber que V. continua a passar sem novidade, que a menina vai boa, e a Mariquinhas também: dê-lhe muitas e muitas lembranças e beijos — e recomende-lhe da minha parte que se porte bem no mar, que venha à cima da tolda com V., ou com a criada, e nunca sozinha — ou então que tenha muita cautela, porque, se cair n'água, nunca mais me há de tornar a ver.

Toda a gente do dr. Clemente manda-lhe saudades.

49. Carta (91) depositada na Biblioteca Nacional. Publicada em: *Anais da Biblioteca Nacional*, v. 84, 1964. Rio de Janeiro: Divisão de Publicações e Divulgação, 1971, p. 166.

Diga ao Odorico que estou tomando informações sobre os preços de Lisboa, e espero remeter-lhos na primeira ocasião.

Adeus. Muitas lembranças do
S. Glz. Dias

Lisboa, 24 de abril de 1855

Esquecia-me dizer-lhe, ou antes parecia-me ter-lhe dito lá — que no mês de abril não há paquete algum, nem de Nantes, nem de outro porto de França para Portugal. O primeiro que haverá será o de Ruão; e quando esse não possa efetuar a sua viagem no dia 5, como está marcado, ainda valerá a pena esperar-se 4 ou 5 dias mais, para vir nele.

Machado de Assis

Joaquim Maria Machado de Assis (1839-1908), o maior escritor brasileiro, manteve uma "existência apetecida" ao lado da portuguesa Carolina Augusta Xavier de Novais (1835-1904), desde 1869 até que a morte a levou. A carta selecionada aqui é pouco anterior ao casamento e revela o fascínio do "Machadinho" pela futura esposa: "Tu pertences ao pequeno número de mulheres que ainda sabem amar, sentir e pensar. Como te não amaria eu?". Fascínio que cultivaria pelo resto da vida e que motivaria o desabafo ao amigo Joaquim Nabuco, em carta de 20 de novembro de 1904, dias após o falecimento da esposa: "Foi-se a melhor parte da minha vida, e aqui estou só no mundo".

A Carolina[50] [RJ, 2 mar. 1869][51]
Minha querida C.
Recebi ontem duas cartas tuas, depois de dous dias de espera. Calcula o prazer que tive, como as li, reli e beijei! A m.[a52] tristeza converteu-se em súbita alegria. Eu estava tão aflito por ter notícias tuas que saí do *Diário*[53] à 1 hora para ir a casa e com efeito encontrei as duas cartas, uma da quais devera ter vindo antes, mas que, sem dúvida, por causa do correio, foi demorada. Também ontem deves ter recebido duas cartas minhas; uma delas, a que foi escrita no sábado, levei-a no domingo às 8 horas ao correio, sem lembrar-me (perdoa-me!) que ao domingo a barca sai às 6 horas da manhã. Às quatro horas levei a outra carta e ambas

---

50. Carta extraída de: Assis, Machado de. *Machado de Assis. Obra completa*. Organizada por Afrânio Coutinho. Rio de Janeiro: José Aguilar, 1986, v. III, pp. 1029-1030. [Disponível também em (com manuscrito aposto): <http://epoca.globo.com/edic/541/Minha_querida_1.html>. Acesso em 15/1/2009.]
51. Por muito tempo houve dúvida quanto à data desta carta. Checadas as datas em que Carolina Xavier de Novais chegou ao Brasil (maio de 1868) e morou em Petrópolis (final de 1868), este enigma se desfez. (N. do E.)
52. Abreviação de "minha", usual nas cartas de Machado. (N. do E.)
53. Trata-se do *Diário Oficial*, em que Machado trabalhava nessa época. (N. do E.)

devem ter seguido ontem na barca das duas horas da tarde. Deste modo, não fui eu só quem sofreu com demora de cartas. Calculo a tua aflição pela minha, e estou que será a última.

Eu já tinha ouvido cá que o M.[54] alugara a casa das Laranjeiras, mas o que não sabia era que se projetava essa viagem a Juiz de Fora. Creio, como tu, que os ares não fazem nada ao F.;[55] mas compreendo também que não é possível dar simplesmente essa razão. No entanto, lembras perfeitamente que a mudança para outra casa cá no Rio seria excelente para todos nós. O F. falou-me nisso uma vez e é quanto basta para que se trate disto. A casa há de encontrar-se, porque empenha-se nisto o meu coração. Creio, porém, que é melhor conversar outra vez com o F. no sábado e ser autorizado positivamente por ele. Ainda assim, temos tempo de sobra: 23 dias; é quanto basta para que o amor faça um milagre, quanto mais isto que não é milagre nenhum.

Vais dizer naturalmente que eu condescendo sempre contigo. Por que não? Sofreste tanto que até perdeste a consciência do teu império; estás pronta a obedecer; admiras-te de seres obedecida. Não te admires, é cousa muito natural; és tão dócil como eu; a razão fala em nós ambos. Pedes-me cousas tão justas, que eu nem teria pretexto de te recusar se quisesses recusar-te alguma cousa, e não quero.

A mudança de Petrópolis para cá é uma necessidade; os ares não fazem bem ao F., e a casa aí é um verdadeiro perigo para quem lá mora. Se estivesses cá não terias tanto medo dos trovões, tu que ainda não estás bem brasileira, mas que o hás de ser espero em Deus.

---

54. Miguel Xavier de Novais, irmão de Carolina. (N. do E.)
55. O outro irmão de Carolina, e amigo de Machado, Faustino Xavier de Novais. (N. do E.)

Acusas-me de pouco confiante em ti? Tens e não tens razão; confiante sou; mas, se te não contei nada é porque não valia a pena contar. A minha história passada do coração,[56] resume-se em dous capítulos: um amor, não correspondido; outro, correspondido. Do primeiro nada tenho que dizer; do outro não me queixo; fui eu o primeiro a rompê-lo. Não me acuses por isso; há situações que se não prolongam sem sofrimento. Uma senhora de minha amizade obrigou-me, com os seus conselhos, a rasgar a página desse romance sombrio; fi-lo com dor, mas sem remorso. Eis tudo.

A tua pergunta natural é esta: Qual destes dous capítulos era o da Corina?[57] Curiosa! Era o primeiro. O que te afirmo é que dos dois o mais amado foi o segundo.

Mas nem o primeiro nem o segundo se parecem nada com o terceiro e último capítulo do meu coração. Diz a Staël[58] que os primeiros amores não são os mais fortes porque nascem simplesmente da necessidade de amar. Assim é comigo; mas, além dessas, há uma razão capital, e é que tu não te pareces nada com as mulheres vulgares que tenho conhecido. Espírito e coração como os teus são prendas raras; alma tão boa e tão elevada, sensibilidade tão melindrosa, razão tão reta não são bens que a natureza espalhasse às mãos cheias pelo teu sexo. Tu pertences ao pequeno número de mulheres que ainda sabem amar, sentir e pensar. Como te não amaria eu? Além disso tens para mim um dote que realça os mais: sofreste. É a ambição dizer à tua gran-

---

56. Há muitas separações de sujeito e verbo, como esta, na obra de Machado. (N. do E.)
57. Referência à enigmática inspiradora dos "Versos a Corina", poema de Machado publicado em 1864. (N. do E.)
58. Escritora francesa, autora de *Corinne ou L'Italie* (1807). (N. do E.)

de alma desanimada: "levanta-te, crê e ama; aqui está uma alma que te compreende e te ama também".

A responsabilidade de fazer-te feliz é decerto melindrosa; mas eu aceito-a com alegria, estou que saberei desempenhar este agradável encargo.

Olha, querida; também eu tenho pressentimento acerca da m.ª felicidade; mas que é isto senão o justo receio de quem não foi ainda completamente feliz?

Obrigado pela flor que me mandaste; dei-lhe dous beijos como se fosse em ti mesma, pois que apesar de seca e sem perfume, trouxe-me ela um pouco de tua alma.

Sábado é o dia de minha ida; faltam poucos dias e está tão longe! Mas que fazer? A resignação é necessária para quem está à porta do paraíso; não afrontemos o destino que é tão bom conosco.

Volto à questão da casa; manda-me dizer se aprovas o que te disse acima, isto é, se achas melhor conversar outra vez com o F. e ficar autorizado por ele, a fim de não parece ao M. que eu tomo uma intervenção incompetente nos negócios de sua família. Por ora, precisamos de todas estas precauções. Depois... depois, querida, queimaremos[59] o mundo, porque só é verdadeiramente senhor do mundo quem está acima das suas glórias fofas e das suas ambições estéreis. Estamos ambos neste caso; amamo-nos; e eu vivo e morro por ti. Escreve-me e crê no coração do teu

Machadinho

---

59. A transcrição desta carta tradicionalmente optou por "queimaremos", mas, ao ler o original hoje disponível, percebe-se que a palavra é ilegível. Alguns defendem ser "ganharemos". (N. do E.)

EÇA DE QUEIRÓS

José Maria de Eça de Queirós (1845-1900), escritor português. Lemos aqui uma carta de Emília de Castro Pamplona (1857-1934) ao noivo, Eça de Queirós, em que ela corresponde ao desejo dele de "briser la glace" (quebrar o gelo) e, num eterno lugar-comum das cartas de amor, queixa-se da lentidão e ineficiência dos correios. Na carta de Eça, vemos renovada a queixa aos correios, além do protesto pela falta de resposta da noiva. Eça e Emília se casariam em fevereiro de 1886.

PORTO, 22 set. 1885[60]
Snr. Queiroz
　Como vê, o meu desejo de *briser la glace* é igual ao seu, e fomos um ao encontro do outro, desencontrando-se as nossas cartas — só, eu já recebi a sua, enquanto a minha anda e andará nas mãos desse eterno correio que me faz o efeito de nunca chegar —, exatamente quando temos tanto a dizer!; verdade é que sobre certos assuntos melhor será falar por escrito, porque para mim parece-me que ainda seria mais penoso falar cara a cara. Como perfeito *bourreau de moi-même*,[61] nem felicidade nem paz posso sentir, lembrando-me desse tempo da minha vida, que eu nem sei o que dava para poder safar, e no qual por duas palavras da sua carta vejo que pensa, como é bem natural — pois a própria mudança que fiz em tão pouco tempo, se lhe dá a *pobre felicidade* de me ter para mulher, não lhe deve dar uma grande

60. In: Queiroz, Eça de. *Eça de Queiroz/ Emília de Castro: correspondência epistolar* (Cartas inéditas de Emília de Castro, e a sua correspondência epistolar com outros destinatários: Jaime Batalha Reis, Oliveira Martins, Luís de Magalhães, Celeste Cinatti Batalha Reis, Ramalho Ortigão e Veridiana Prado). Leitura dos autógrafos, introdução e anotações de A. Campos Matos. Porto: Lello & Irmão – Editores, 1995, p. 57.
61. "Carrasco de mim mesmo". (N. do E.)

confiança em mim — essa ideia apoquenta-me horrivelmente e só me consolo pensando que talvez o excesso da minha humilhação me levante.

Faz-me pena falar-lhe de uma maneira tão triste, quando me diz que tratemos *alegremente de briser la glace*, e quando o meu único desejo é ser-lhe agradável, mas ando tão impressionada, que me chego a sentir moralmente doente — veja se quer ser o meu médico — e cure-me, que o proveito também é seu, pois decerto não quer uma mulher tristonha e cansada (como farei a diligência por não ser), mas não me poupe, e faça-me todas as perguntas que quiser e exponha-me todas as suas dúvidas, não prometo contentá-lo, mas prometo responder-lhe com toda a verdade. Talvez ache frio o princípio da minha carta, mas francamente não sei como hei de principiar — estou à espera da sua seguinte carta para *macaquear*, o que, se prova a minha falta de imaginação, prova também como já preciso de si para me guiar, até em coisas tão pequenas.

Adeus, acredite na dedicação completa da sua noiva

Emília

LONDRES, 7 outubro, 1885[62]
Minha querida amiga

O correio, como me dizia na sua carta, com efeito nunca chega! Estou receando que em vez de seguir a direito como o afiança o Estado e o Guia dos Caminhos de Ferro, ele flana pelas estradas, para à sombra das árvores a fumar o cachimbo de vadiagem, e dorme a sesta *sur l'herbe tendre*[63] — enquanto as po-

---

62. Queiroz, op. cit., pp. 66-67.
63. "Sobre a relva macia". (N. do E.)

bres almas que ele devia fazer comunicar e que pagaram honradamente a sua estampilha para comunicarem, se *desespèrent et languissent*.[64]

Nenhuma carta sua, nem ontem, nem hoje — e todavia, por todos os cálculos feitos, e refeitos, contando pelos dedos que é um dos meus poucos processos matemáticos, eu concluo que já aqui devia estar essa carta, e essas cartas (plural) tão ardentemente desejadas. Mas nada! Se isto porém não é culpa do correio — então retiro todas as injúrias a essa ronceira Instituição; e queixo-me de si — a si própria. Queixo-me com mágoa, queixo-me com alardo! Exijo que se castigue a si mesma: feche-se no quarto escuro, prive-se de sobremesa, condene-se a conjugar oitenta vezes o verbo *aimer* (ou neste caso mais adequadamente o verbo *n'aimer pas*) e imponha-se outras penitências que em sua justiça julgar justas por ter deixado sem uma linha, sem um simples *cá recebi*, quem nada fez para merecer tal desleixo senão o adorá-la *incorrigivelmente*.

Se — Jesus, que difícil e embaraçadora é a língua portuguesa para duas pessoas que ainda se não tratam por *tu* e que não podem decentemente tratar-se por *você*! — Se *si* fosse mais caridosa ter-me-ia realmente já escrito. Não por minha causa, oh, não! Mas por causa da *chamber-maid*.[65] É uma alemã, toda gorda e toda redonda que não deixa de ter uma lamentável parecença com um chouriço de Strasburgo. Como há em Londres uma distribuição de cartas quase cada hora — eu obrigo-a cada hora, por um violento puxão à campainha, a rolar-se dificilmente a si mesma pela escada acima. Bate à porta já a tremer e a arfar. "*Come in!*" — "*Yes, sir.*" Com a maior polidez a que me posso

---

64. "Desesperam-se e se enfraquecem". (N. do E.)
65. "Camareira". (N. do E.)

forçar, pergunto se não há carta para mim. Não há. E a infeliz patrícia de Goethe lá rebola, como pode, pela escada abaixo — mas ainda ela não chegou ao último degrau, já eu calculando que passou outra hora, me dependuro de novo no cordão da *sonnette*. Nova, laboriosa, ofegante ascensão do chouriço. *"Are you sure that there are no letters?"* — *"Ya, shour nut"*. Isto quer dizer, na sua linguagem bárbara — *"Yes, sure not"*. E esta luta prolonga-se pelo dia adiante. Lamente a pobre criatura — e escreva-me para que ela não venha a perder as boas cores e o gosto à vida, neste incessante trepar e rolar por uma íngreme escada inglesa.

Estes dias passados não têm sido para mim excessivamente brilhantes. Constipação: indolência e desapego do trabalho: solidão: leituras filosófico-tristes: céu já vestido de inverno e encapotado em nuvens. — Uma carta sua, querida amiga, teria vindo encher tudo de luz e de animação. Há uma velha, sagrada, e inquebrantável tradição em Inglaterra de que noivos devem escrever-se todos os dias, algumas linhas que sejam, devendo mesmo, na ausência *absoluta de sentimentos a comunicar*, copiar o jornal. Ora, nós que temos tanto a dizer sem recorrer ao *Diário de Notícias*, podíamos bem seguir esta encantadora tradição. Não lhe parece? Diga que *sim*, e mande-me sempre algumas linhas *au hasard de la plume*.[66] Não acrescento hoje mais nada; e para *castigar* não digo uma só das muitas coisas de que tenho cheio o coração. Mas é isto realmente para si um *castigo*? Prouvera a Deus que fosse! A inquietação pela desconfiança de que se não é suficientemente amado — é já uma das mais certas provas de que se ama um pouco, ou de que se começa a amar um pouco.

Com o mais dedicado amor, sempre e profundamente seu

José

---

66. "Ao correr da pena". (N. do E.)

Rui Barbosa

Rui Barbosa de Oliveira (1849-1923), jurista e escritor brasileiro. As cartas reunidas aqui foram todas dirigidas à noiva, Maria Augusta Viana Bandeira (1855-1947), com quem se casaria em 23 de novembro de 1876, e permitem o esboço de um retrato mais humano, mais cotidiano de Rui Barbosa, diferente da mítica imagem do "Águia de Haia" a que estamos acostumados.

Corte, 1º de junho de 1876[67]
Minha querida noiva do coração

Uma palavra somente, porque a mala está a fechar-se, e já é a 7ª carta que te escrevo.

Tu "inconsolável"?!, minha querida Maria Augusta. Pelo amor de Deus, por aquilo que for mais caro ao teu coração, eu te peço, de joelhos, que não continues assim. Não, minha amada noiva, não te desampares deste modo a um sofrimento, que, exagerado, será funesto a nós ambos. Não sabes quanto me angustias? que me tiras assim o alento para as dificuldades de minha vida? que me enches, até, de sombrios receios? que assim agoiras mal do nosso futuro, dos nossos projetos, das nossas esperanças?

Não, querida noiva, consola-te! Sim? Supões-me a teu lado, com a tua mão nas minhas, acariciando-te os cabelos que te envolvem tão formosamente o rosto, e suplicando-te, em pranto, como na despedida, que me não faças mais isso, porque me tornas infeliz. Não me ouvirás, não, assim?

---

67. Barbosa, Rui. "Rui a Maria Augusta (carta VIII)". In: *Cartas à noiva*. Prefácio de Maria José de Queiroz. Fundação Casa de Rui Barbosa (fcrb)/Civilização Brasileira: Rio de Janeiro, 1982, p. 79.

Não, querida noiva, não te esqueças das tuas promessas tantas vezes reiteradas entre lágrimas. Não te esqueças de que és o anjo tutelar, a consoladora de

                        teu noivo do coração
                                   Rui

CORTE, 31 de julho de 1876[68]
MARIA AUGUSTA, minha muito adorada noiva

    Tenho diante duas cartas tuas, ambas, como bem sabes, relidas, festejadas, beijadas e guardadas cuidadosamente como relíquias. Uma é a de 20. A outra tem data de 15, mas sem dúvida em consequência de algum engano teu; porque é posterior à primeira, e veio pelo *Maskelyne*.[69] Por conseguinte, deve ser de 24. Foi provavelmente a minha de 15, que, ao escreveres, tinhas presente, o que te levou a esse equívoco.

    Continuas a crer-me desanimado e impaciente, minha querida noiva, mas injustamente. Não reconheço em ninguém mais resignação e vontade mais tenaz que as minhas. Não vejo nenhum que, na minha idade, tenha transposto as provações que me têm enchido de fel os melhores anos da vida; e, mesmo dos mais velhos que eu, não sei quantos haverá que tenham experimentado tão profundamente o amargor de tantos desgostos. Enfim, eu não te acuso a ti, minha cândida e inexperiente noiva, que há tão pouco tempo me conheces, e por isso provavelmente não tem aprofundado ainda a minha índole. Não te posso arguir a ti, quando amigos meus que têm assistido pessoalmente às

---

68. Ibidem, pp. 134-135 (carta xxx).
69. Possivelmente, o vapor inglês *Maskelyne*, vindo de Liverpool, conforme o registro na *Colecção das Decisões do Governo do Império do Brazil*, referentes ao ano de 1876 (pp. 34 e 340).

peripécias mais dolorosas destes meus últimos anos, ainda formam de mim opinião tão contrária às qualidades morais que eu cuidava ter já evidentemente demonstrado. Nem creias que vai nisto a mínima queixa de ti; não. Pelo contrário, quero-te cada vez mais ardentemente. Tuas cartas, repassadas de delicadíssima sensibilidade, enternecem-me até às lágrimas. Vejo nelas a alma de um anjo, que és. Quisera pagar-te cada linha delas com um abraço apaixonado. Dar-te-ia por cada uma mil beijos à mão pura e abençoada que as escreve. De qualquer modo impressionada que me falas, és sempre boa, e meiga, e amorável, e de dia em dia mais estremecidamente amada por mim. Não te agonies das minhas esquisitices. Uma palavra tua serena-me, restaura-me, restitui-me as forças do espírito, que, em verdade, minha formosa MARIA AUGUSTA, creio que já não dão para muito.

Notícias tuas, que me dá o LOUREIRO[70] e agora o JOÃOZINHO,[71] como o nosso cons. SOUTO[72] constantemente, trouxeram-me grande tranquilidade e alegria. Cada vez mais amada, mais admirada, mais louvada de todos — é como eu te desejo, minha querida COTA!

Estimo infinitamente que a família DANTAS vá sendo tão amável para contigo. Não me espantam os carinhos da NANINHA, que eu sei já te estimava muito, e foi de quem [...][73]

---

70. Francisco Antônio de Castro Loureiro. (Nota da ed. FCRB)
71. Não identificado. (Nota da ed. FCRB)
72. Trata-se de Salustiano Ferreira Souto (1818-1887), médico e deputado baiano. Cf. Blake, Augusto Victorino Alves Sacramento, *Diccionario Bibliographico Brazileiro*. Rio de Janeiro: Imprensa Nacional, 1902, 7 v.; e Afrânio Coutinho e J. Galante de Sousa. *Enciclopédia de literatura brasileira*. São Paulo: Global/Rio de Janeiro: Fundação Biblioteca Nacional, Academia Brasileira de Letras, 2001, 2 v.
73. Original incompleto.

Corte, 15 de setembro de 1876[74]
MARIA AUGUSTA, minha adorada noiva!

Não imaginas o prazer e avidez com que li e reli a tua terna cartinha de 4 do corrente, onde tão boas notícias me dás, confirmadas por Papai, sobre o extraordinário melhoramento de tua saúde, com o regímen tônico e reconstitutivo, a que te estás sujeitando. Eu te agradeço, minha querida noiva, esses cuidados que para contigo agora vais tendo: não é só para o teu restabelecimento que eles concorrem; é para o meu também, que tão preocupado vivia com as tuas doencinhas. Rogo-te instantemente que tenhas toda a persistência, e não interrompas nunca o teu curativo. Dá os teus passeios higiênicos diariamente com CAZUZA[75] ou Papai, como me dizes. Agora felizmente podes fazer isso com o teu coração tranquilo; porque a nossa querida ADELAIDE, graças a Deus, vai recobrando progressivamente a saúde e o vigor.

Não creias que em relação a ela as informações animadoras que te envio sejam exageradas. Dou-te minha palavra de que são puríssima verdade; e, para demonstração completa disso, remeto-te inclusa uma carta que, há 3 dias, recebi do nosso cons. SOUTO, na qual principia ele dando-me vivos parabéns. Depois dessa tenho recebido já três (porque a nossa correspondência é constante), e as melhoras que elas anunciam são sempre gradualmente maiores.

Eu hoje, daqui a 6 horas (são agora 5 da madrugada), sigo para Friburgo, onde provavelmente demorar-me-ei mais alguns

---

74. Barbosa, op. cit., pp. 179-181 (carta XLIX).
75. Trata-se de José Viana Bandeira, irmão de Maria Augusta, que viria a ser um baixo funcionário público no funcionalismo baiano, segundo Dain Edward Borges (*The Family in Bahia, Brazil, 1870-1945*. Stanford University Press, 1992, p. 70).

dias que da primeira vez (talvez uns 10 ou 15); isso quer para ficar fazendo companhia à nossa angélica irmãzinha, enquanto o nosso conselheiro vem à corte, encetar aqui a estirpação[76] dos cancros, que promete muito, e já está produzindo alguma coisa, — quer porque o conselheiro exige, como medida higiênica em relação à minha saúde, que eu tome algum tempo aqueles ares e use os banhos frios. Não creias que este fato seja indício de estar eu doente: afirmo-te que não. Estou apenas um pouco debilitado pelo trabalho exagerado, que tenho tido; e o nosso bom médico e paternal amigo entende necessário que eu recomponha as forças um pouco alteradas, evitando por alguns dias a vida pesada e o péssimo clima da corte. E tanto não tenho incômodo nenhum de saúde, que lá mesmo continuarei a trabalhar, sem interrupção, na publicação da minha obra, que está nos prelos, e vai-se adiantando. As provas da tipografia ir-me-ão daqui todo dia pelo correio, a fim de serem por mim corrigidas lá, e voltarem no imediato revistas. Se, portanto, durante este espaço, chegar aí à Bahia algum ou alguns vapores sem cartas minhas, não o estranhes, minha muito querida COTA; porque, como já te disse, é impossível lá de Friburgo acompanhar pontualmente um por um os paquetes, como daqui tenho feito. DOBBERT[77] está aqui, e volta hoje comigo, tendo vindo anteontem apressadamente à corte, para efetuar uma cobrança da Casa Boldt, Katenkamp & Cia. Já vês, pois, que sigo em excelente companhia.

Estimo infinitamente que as minhas cartas cheias de notícias de ADELAIDE tivessem levado tão reparadora consolação a ti

---

76. Extirpação. (N. do E.)
77. Fernando Gustavo Dobbert, casado com Adelaide Viana Bandeira, irmã de Maria Augusta.

e a nossos queridos Pais. Comoveu-me profundamente a cena que me referes, as tuas lágrimas de alegria, a meiguice de nosso caro Papai lendo-te a minha carta. Sim, tens razão, minha MARIA AUGUSTA: como é lindo o nosso amor! É lindo, porque não tem nada de que corar, porque é puro, transparente, e não tem uma reserva, um segredo onde não possa penetrar sem acanhamento nosso o olhar de nossos amigos e de nossos Pais.

Procedeste com o teu costumado senso e dignidade em não teres aceitado o convite, que te fizeram, para esse passeio a bordo, que aliás, em companhia de Papai ou de CAZUZA, poderias ter feito sem nenhum inconveniente. Não achas?

Não te persuadas, minha muito amada noiva, de que eu te ando, relativamente à minha situação, fingindo esperanças que não tenho, para consolar-te. Juro-te, minha COTA, que sou sincero. Com a nova face que assumiu a minha pretensão, vejo que, conquanto não consiga tudo quanto me era necessário, todavia alguma coisa obterei sempre, se Deus me proteger, como eu confio. Podes, portanto, a este respeito sossegar o teu coração, minha noiva.

No mês passado não me acusaste uma carta minha de 15; dize-me se a recebeste, assim como se chegou também às mãos de Mamãe a que ultimamente lhe dirigi. Comunica-me o número da casa onde estás residindo, para endereço das minhas cartas a Papai. Dize-lhe que lhe agradeço muito e muito a afetuosa carta que recentemente me escreveu, e que de Friburgo lhe responderei. Abraça-o muitas vezes e muito vivamente, assim como a Mamãe e CAZUZA, e acaricie ternamente a ANITA e CARLITO, cujas *admiráveis* cartinhas vão hoje ser mostradas em Friburgo.

Minha querida e adorada noiva, eu te amo cada vez mais ardentemente; e minha alma, meus pensamentos, minhas saudades, os beijos que eu sonho são sempre daquela formosa, pura e cara Maria Augusta, de quem tenho verdadeiro orgulho em ser noivo do coração

Rui

Nova Friburgo, 23 de outubro de 1876[78]
Minha adorada noiva do coração, Maria Augusta
Graças a Deus, o dia de teus anos hoje fica-me para sempre assinalado pelas deliberações que hoje, noutra carta, comunico à Mamãe, a Papai e a ti, sobre o nosso casamento, que dentro em um mês, ou pouco mais, deve estar feito. Não serás tu decerto quem suscite a mínima objeção ao nosso plano, sublimemente concebido pelo nosso Souto, e do qual toda a garantia é a generosidade espontânea, inesgotável e incomparável daquele admirável coração.

Não te digo mais nada. Não posso. A minha felicidade é tanta, que sinto-a superior às minhas forças. Abençoado seja Deus, que pôs no mundo almas como essa para compensação de tantos e tão longos sofrimentos como os meus. Abençoado também o nosso amor que foi sempre puro, e cuja festa de noivado vão ser os teus desvelos à irmã doentinha, cada vez mais digna de adoração, de cuja vida, para satisfação de todas as minhas aspirações, basta que a tua seja, como infalivelmente há de ser, reflexo e imagem.

Adeus, minha noiva, e breve esposa, companheira da minha vida. Recebe o coração, os beijos, o amor eterno de teu noivo

Rui

---

78. Ibidem, p. 215 (carta LXI).

CRUZ E SOUSA

João da Cruz e Sousa (1861-1898), poeta brasileiro. Casou-se com Gavita Rosa Gonçalves (?-1901), a quem a carta é dirigida, em 9 de novembro de 1893. Mas o casamento não seria feliz: tuberculosos ambos, teriam quatro filhos, que também morreriam da doença quase todos na primeira infância (à exceção de João da Cruz e Sousa Júnior, que nascera após a morte do pai e sobreviveria até 1915, quando morreria, também de tuberculose, aos dezessete anos).

Rio, 31 de março de 1892[79]
Minha adorada Gavita

Estou cheio de saudades por ti. Não podes imaginar, filhinha do meu coração, como acho grande as horas, os dias, a semana toda. O sábado, esse sábado que eu tanto amo, como custa tanto a vir. Ah!, como se demora o sábado. E tu, minha boa flor da minh'alma, que és o meu cuidado, a minha felicidade, o meu orgulho, a minha vida, não sabes como eu penso em ti, como eu te quero bem e te desejo feliz. Tu, Gavita, não me conheces ainda bem, não sabes que amor eterno eu tenho no coração por ti, como eu adoro os teus olhos que me dão alegria, as tuas graças de mulher nova, de moça carinhosa e amiga de sua boa mãe.

Quanto mais te vejo mais te desejo ver, olhar muito, reparar bem no teu rosto, nos teus modos, nos teus movimentos, nas tuas palavras, nos teus olhos e na tua voz, para sentir bem se tu és firme, fiel, se me tens verdadeira estima, verdadeira amizade bem do fundo do teu coração virgem, bem do fundo do teu sangue.

79. Cruz e Sousa, João da. "Carta a Gavita". In: *Cruz e Sousa: obra completa*. Organização Andrade Murici; atualização Alexei Bueno. Rio de Janeiro: Nova Aguilar, 1995, pp. 813-814.

Por minha parte sempre te quererei muito bem e nada haverá no mundo que me separe de ti, minha filhinha adorada.

Se o juramento que me fizeste dentro da igreja é sagrado e se pensas nele com amor, eu creio em ti para sempre, em ti que és hoje a maior alegria da minha vida, a única felicidade que me consola e que me abre nos braços com carinho.

Estar junto de ti, eu, que nunca dei o meu coração assim a ninguém, tão apaixonadamente, como te dei a ti, é para mim ser muito feliz. Quando estou a teu lado, Gavita, esqueço-me de tudo, das ingratidões, das maldades e só sinto que os teus olhos me fazem morrer de prazer. Adeus! Aceita um beijo muito grande na boca e vem que eu espero por ti no sábado, como um louco.

Teu
Cruz

Olavo Bilac

Olavo Bilac (1865-1918), poeta e jornalista brasileiro. Foi noivo de Amélia de Oliveira (1868-1945), a quem dirige as cartas aqui selecionadas, que era irmã do poeta Alberto de Oliveira (1857-1937). José Mariano de Oliveira Filho, também irmão de Amélia, opunha-se ao casamento, que nunca se realizou.

Amélia[80]

Amo-te, amo-te! Como é bom poder enfim dizer o que nos enchia o coração! Amo-te, amo-te, amo-te cegamente, loucamente, mais que a tudo! Amo-te porque és para mim a melhor, a mais pura, a mais santa de todas as criaturas. Amo-te, porque tu, meu orgulho e minha vida, foste a única mulher que me soube fazer conhecer toda a divina delícia, toda a suave tortura do verdadeiro amor.

Amei-te no primeiro dia em que te vi: amei-te em silêncio, em segredo, sem esperança de te possuir e sem refletir. Não quis saber quem eras, nem quis saber se me poderias amar: amei-te e amo-te cada vez mais. Estou em São Paulo por tua causa. Trabalharei, farei sacrifício de tudo, lutarei contra tudo, mas juro-te que serás minha, inteiramente minha, unicamente minha. Amo-te! Amo-te! Amo-te!

Olavo

---

80. Bilac, Olavo. "Carta sem data de Olavo Bilac para Amélia de Oliveira". In: Elton, Elmo. *O noivado de Bilac: com a correspondência inédita do poeta à sua noiva – D. Amélia de Oliveira*. Rio de Janeiro: Organização Simões, 1954, p. 27.

Franz Kafka

Tradução do alemão: Marcus Tulius Franco Morais

Franz Kafka (1883-1924), escritor tcheco de expressão alemã. Suas cartas a Felice Bauer (1887-1960), alemã que foi sua noiva e com quem se correspondeu entre 1912 e 1917, são algumas das cartas de amor que escreveu. Outra correspondente sua foi Milena Jesenská (1896-1944), com quem manteve um relacionamento bastante próximo a partir de 1921. Em 1917, Felice e Kafka separaram-se definitivamente. Ela casou-se em 1919 com Moritz Marasse (1873-1950); ele morreu sem ter se casado.

Praga, 20 de setembro de 1912[81]
Prezada Srta. Bauer,
   Na probabilidade de a senhorita não ter guardado a mais remota lembrança de mim, apresento-me outra vez: meu nome é Franz Kafka, sou a pessoa que a cumprimentou pela primeira vez aquela noite na casa do diretor Brod,[82] em Praga, e, posteriormente, passou-lhe por cima da mesa, uma a uma, fotografias de uma viagem a Tália,[83] e que, finalmente, com esta mão que agora está batendo as teclas da máquina de escrever, segurou a mão que a senhora estendeu confirmando a promessa de acompanhá-lo em uma viagem à Palestina no próximo ano.

81. Para a tradução das cartas de Franz Kafka a Felice Bauer, utilizamos a versão publicada em *Briefe an Felice und andere Korrespondenz aus der Verlobungszeit*. In: Franz Kafka. *Gesammelte Werke*. Hrsg. von Max Brod. Berlim: S. Fischer Verlag, 1967. (N. do T.)
82. O pai de Max Brod, Adolf Brod, era diretor do Banco União, em Praga. Nessa época, os pais de Brod moravam com os filhos Max e Otto na Schalengasse (Skorepka) 1; a filha Sophie era casada com um comerciante na Alemanha, Max Friedmann, um primo de Felice Bauer. (N. do T.)
83. Provavelmente, trata-se da viagem a Weimar que Kafka empreendera com Max Brod no verão de 1912, e, por causa dos monumentos à musa que presidia a comédia, qualificada de "viagem a Tália" (Cf. *Diários* (Tagebucher), 29 de junho de 1912, pp. 653 ss.). (N. do T.)

Agora, se ainda queres empreender a viagem — a senhora falou-me naquela ocasião da sua constância, que cheguei inclusive a notar —, então será não só correto mas imprescindível começarmos a planejar a viagem desde já. Teremos de fazer uso de cada minuto de nossas férias que, de qualquer forma, são curtas demais para uma viagem à Palestina, e só poderemos realizá-la preparando-nos o melhor possível e acertando todos os preparativos.

Uma coisa tenho de confessar, embora soe mal e esteja em desacordo com o que eu lhe dissera anteriormente: sou um instável escritor de cartas. Sim, e seria pior ainda se eu não tivesse uma máquina de escrever; pois se meu humor vier a impedir a redação de uma carta, restam ainda as pontas dos meus dedos para fazer a escritura. Por outro lado, nunca espero uma carta respondida na volta do correio; mesmo quando espero uma carta com impaciência reiterada dia após dia, nunca fico frustrado quando não chega, e quando finalmente a recebo, costumo ficar assustado. Quando troco a folha de papel, percebo que posso ter descrito a mim mesmo como mais difícil do que sou. Se cometi esse equívoco, servir-me-ia perfeitamente, porque prefiro escrever esta carta depois de seis horas no escritório, e em uma máquina de escrever com a qual não estou muito acostumado.

A despeito disso — o único inconveniente de usar uma máquina de escrever é que a pessoa facilmente perde o fio —, se dúvidas tivessem surgido, isto é, dúvidas práticas, sobre escolher-me por companheiro de viagem, guia, estorvo, tirano, ou tudo o mais em que eu possa me transformar, não poderia haver qualquer objeção prévia contra mim enquanto correspondente — e por ora esta é a única coisa em questão —, e bem que poderias dar-me uma prova.

Seu muito dedicado,
Dr. Franz Kafka
Praga Poric 7

15 DE NOVEMBRO de 1912[84]
Felice,
Veja bem, o "tu" não é uma ajuda, como eu pensava. E hoje, embora seja somente o segundo dia, ele não está se mostrando muito útil. Claro que eu poderia ter ficado tranquilo, e nada é mais fácil de entender do que uma carta que não chega hoje. Mas o que é que eu faço? Pairo pelos corredores, olho na mão de todos os mensageiros, dou ordens desnecessárias simplesmente para mandar alguém descer exclusivamente para ver a correspondência (pois estou no quarto andar, a triagem da correspondência que chega é feita no primeiro andar, nossos mensageiros não são pontuais; além disso, estamos em época de eleições para a diretoria, a correspondência que chega é imensa, e, antes que tua carta seja extraviada pela massa de idiotas, haveria tempo suficiente para eu morrer de impaciência no andar superior); finalmente, movido pela desconfiança de toda a gente, desci correndo e, claro, não encontrei nada. Se tivesse chegado alguma coisa eu a receberia sem perda de tempo, pois ordenei a três pessoas que subissem com tua carta antes de qualquer outra. Por esse préstimo, merecem ser nomeados: o primeiro é o mensageiro Mergl, humilde e prestativo, mas sinto uma incontrolável antipatia por ele porque observei que quando minhas esperanças são depositadas nele, tua carta quase nunca chega. E quando isso aconte-

---

84. Kafka, op. cit., pp. 72-74 (a carta foi escrita em um papel timbrado da Companhia de Seguros de Acidente de Trabalho). (N. do T.)

ce, o semblante cruel involuntário desse homem atravessa-me o coração. Foi isso que aconteceu hoje, tive vontade de bater ao menos em suas mãos vazias. No entanto, ele parece estar interessado nos meus assuntos. Não me envergonho de admitir que muitas vezes nesses dias vazios lhe pergunto se a carta poderia talvez chegar no dia seguinte, e todas as vezes, com demorada mesura, ele se diz convencido que sim. Uma vez — acabei de me lembrar — eu estava esperando uma carta tua com uma certeza absurda, penso que deve ter sido durante aquele péssimo primeiro mês, quando esse mensageiro informou-me no corredor que a correspondência tinha chegado e estava na minha mesa. Quando cheguei lá, encontrei apenas um cartão-postal que Max enviara de Veneza, com uma pintura de Bellini representando *A deusa do Amor, soberana do mundo*. Mas o que fazer com generalidades nesse caso por si doloroso? O segundo mensageiro é o despachante-chefe, Wottawa, um solteirão baixinho com o rosto enrugado, coberto de uma variedade de manchas coloridas e barba hirsuta, os lábios úmidos sempre mastigando um charuto; mas é de uma beleza divina quando aparece na porta, tira tua carta do bolso interno e a estende a mim — uma atribuição que de fato não é sua. Ele tem noção do que se trata, pois sempre que tem tempo procura antecipar-se aos outros dois e não se queixa de ter de subir os quatro lances de escada. Por outro lado, dói-me pensar que para trazer a carta para mim pessoalmente ele algumas vezes a oculta do outro mensageiro que de vez em quando a entrega mais cedo. Assim, sempre tem algum motivo para preocupação. Minha terceira esperança é a senhorita Böhm. Na verdade, trazer-me a correspondência a deixa feliz. Ela entra radiante e entrega-me a carta como se fosse de outra pessoa, mas na realidade diz respeito somente a nós dois, a ela e a mim. Quando um dos outros dois consegue trazer a carta e conto a ela isso, ela quase chora, e promete ser mais atenta no dia seguinte. No entanto, o edifício é muito grande, temos mais de 250 funcionários, e outra pessoa pode facilmente pegar a carta primeiro.

Hoje todos os três estavam sem trabalho. Fico curioso para saber quantas vezes terei ainda de repetir que é completamente impossível uma carta chegar hoje. Além disso, somente hoje, neste dia de transição, fiquei apreensivo. Se não voltares a me escrever depois da carta de amanhã, não me preocuparei tanto. Eu costumava dizer a mim mesmo: "Ela não escreve", e isso era ruim, mas agora direi: "Querida, então saíste para um passeio?", e isso só poderá me causar alegria. A propósito, a que horas recebeste minha carta escrita à noite?

Teu Franz

18 DE NOVEMBRO de 1912[85]
(noite de 17 para 18 de novembro de 1912)
Minha querida,

É uma e meia da madrugada, a história que mencionei está longe de ser concluída, nenhuma linha do romance foi escrita hoje, e vou me deitar com pouco entusiasmo. Quem me dera ter a noite livre e, sem largar a caneta, escrever direto até de manhã! Seria uma bela noite! Mas preciso ir para a cama, pois dormi mal a noite passada, não dormi nada hoje durante o dia, e não posso ir ao escritório nesse estado lamentável. Amanhã tuas cartas, querida, querida! Quando eu estiver acordado, isto é, meio acordado, elas indubitavelmente fortalecer-me-ão, mas caso eu esteja sonolento, meu único desejo é afundar-me em uma poltrona com elas e mostrar meus dentes a todos os intrometidos.

85. Ibidem, pp. 83-84.

Não, eu não me irrito demais por causa do escritório. A justificativa óbvia para minha irritação é que ela sobreviveu a cinco anos de vida de escritório, dos quais o primeiro, em uma companhia de seguros privados,[86] onde eu trabalhava de 8 horas da manhã às 7 e às vezes até 8 ou 8:30 da noite, foi medonho. Havia um certo lugar em um corredor estreito que conduzia ao meu escritório onde em quase todas as manhãs o desespero apoderava-se de mim de tal forma que mesmo um caráter mais forte e mais consistente que o meu teria cometido suicídio. As coisas estão muito melhores agora; sou inclusive tratado com imerecidas gentilezas; até mesmo pelo meu diretor-chefe.[87] Há alguns dias no escritório lemos juntos um livro de poemas de Heinrich Heine, enquanto na antessala funcionários, chefes de departamentos e clientes — provavelmente com assuntos urgentes — esperavam impacientes para serem atendidos. A despeito disso, tal situação é terrível, e levando em conta a energia despendida, não vale a pena suportar esse trabalho.

Porventura não te aborreces com este tipo de papel? Pergunto-me agora. Usei todo o papel de carta de minha irmã há alguns dias. Eu quase nunca o tenho. Por isso arranco uma a uma as folhas do meu diário de viagens deste ano, e não tenho a menor vergonha de enviá-las a ti. No entanto, tento compensar enviando com a carta uma folha que acabou de cair da agenda com o texto de uma canção que ouvi muitas vezes de manhã cantada pelo coral do estabelecimento de cura e repouso onde estive este

---

86. *Assicurazioni Generali*, companhia de seguros em que Kafka trabalhou entre outubro de 1907 e julho de 1908 (cf. Wagenbach: *Biografia*, p. 141). (N. do T.)
87. Dr. Robert Marschner, um dos diretores da Companhia de Seguros (cf. nota 5 [1910] de Brod, em *Correspondência*, p. 501; Wagenbach, *Biografia*, p. 148). (N. do T.)

ano, e, por ter-me encantado, eu a copiei.[88] A canção é muito conhecida e provavelmente a conheces, mas relê e devolva-me o original; necessito dele. O poema tem uma estrutura regular, embora seja abalado por comoção. Cada estrofe consiste em uma exclamação e uma leve reverência com a cabeça. Eu poderia jurar que a tristeza do poema é verdadeira. Se ao menos eu pudesse guardar a melodia! Mas não tenho memória musical. Meu professor de violino ficava tão desesperado durante as aulas, que preferia fazer-me saltar por cima da batuta, e meu progresso musical media-se pela altura da batuta, que ele levantava um pouco mais a cada aula. Por essa razão, minha melodia para esta canção é muito uniforme; é, de fato, só um suspiro. Querida!

Franz

QUERIDA, minha querida,[89]
É uma e meia da madrugada. Eu te ofendi com a carta da manhã de hoje? Como é que eu posso saber das responsabilidades que tens para com teus parentes e amigos! Tu te atormentas e eu te atormento com minhas acusações por causa dos teus tormentos. Por favor, querida, perdoa-me! Manda-me uma rosa como sinal de perdão. Eu não estou de fato cansado, mas entorpecido e pesado, e não encontro as palavras certas. Tudo o que posso dizer é: fica comigo, não me deixes. E caso um dos inimi-

---

88. Em julho de 1912, Kafka passou três semanas no estabelecimento de cura e repouso Rudolf Just, em Jungborn, no Harz (cf. *Diários*, op. cit., p. 667). A canção é *Nun leb wohl, du kleine Gasse*, do conde Albert von Schlippenbach. Kafka a menciona também na carta a Max Brod, datada de 22 de julho de 1912 (cf. *Correspondência*, op. cit., p. 102). (N. do T.)
89. Kafka, op. cit., pp. 89-90 (carta escrita provavelmente na noite de 20 para 21 de novembro de 1912). (N. do T.)

gos que carrego comigo te escreva, como nesta manhã, não acredites nele, ignora-o e olha diretamente para o meu coração. A vida realmente é ruim e difícil, como pode alguém esperar segurar outra pessoa só com palavras escritas? Para segurar são feitas as mãos. Mas esta mão minha segurou tua mão, que se tornou indispensável para a minha vida, graças a três momentos: quando entrei na sala, quando prometeu-me a viagem à Palestina e quando eu, tolo que sou, te permiti tomar o elevador.

Posso beijar-te, então? Nesse papel lamentável? Eu poderia também abrir a janela e beijar o ar noturno.

Querida, não fiques zangada! É tudo que te peço.

Franz

DE 6 PARA 7 DE janeiro de 1913[90]

Não ria querida, não ria, no momento estou terrivelmente sério, querendo tua presença perto de mim! Calculo, muitas vezes brincando, as horas que eu precisaria para te encontrar o mais rápido possível nas melhores circunstâncias e as horas necessárias para vires até mim. É sempre muito longe, longe demais. Uma distância tão desesperadora que, por mais que não haja obstáculos, só de pensar em tantas horas, deito fora tal intento. Esta noite, quando saí de casa, fui direto à casa da rua Ferdinand onde teu representante tem uma loja. A sensação que tive foi de estar indo ao teu encontro. Contornei o prédio sozinho e fui embora também sozinho. Não encontrei sequer o nome da Firma Linström entre as placas da vizinhança. O homem se diz simplesmente representante geral de uma certa Gramophone Company. Por quê? Muitas vezes me queixo por haver tão pou-

---

90.Ibidem, pp. 247-248.

cos lugares em Praga, pelo menos que eu conheça, que sejam ligados a ti. O apartamento da família Brod, as ruas Schalengasse, a Perlgasse, a Obstgasse, a Graben e o depósito de carvão. Mais o Café da Repräsentationshaus, a entrada e o salão do Blauer Stern. É pouco, querida, mas como esse pouco se eleva do mapa da cidade!

Tenho tanto a te dizer hoje em resposta às duas cartas tuas, que se tua mãe fosse capaz de ver isso, teria para refletir coisas assim: como é possível escrever tudo isso quando se tem tanto a dizer e sabe que a caneta pode apenas traçar um caminho incerto e casual através da quantidade de coisas que têm de ser ditas?

Então puseste minha fotografia no teu coraçãozinho (coraçãozinho não, como sou pretensioso!), na pequena medalha, tal um vizinho incômodo para tua sobrinha pequena, e, se li corretamente, tencionas usá-la noite e dia? Não teve vontade de jogar fora a foto ruim? Não achas meu olhar fixo aterrador? Ela merece a honra que lhe outorgas? E pensar que minha fotografia está metida na tua medalha, enquanto eu sentado aqui completamente só no meu quarto gelado (onde, ao que parece, para minha grande vergonha, constipei-me recentemente). Mas aguarde, fotografia malvada, o momento da minha chegada será abençoado com minha própria mão arrancando-te da medalha! Não deitar-te-ei fora simplesmente por conta dos olhares que Felice possa ter desperdiçado contigo.

Vou parando por aqui, é tarde e eu jamais conseguiria terminar. Seja como for, escrever cartas não é uma ocupação para minhas mãos, elas são feitas para ti e tudo o que querem é te ter!

Franz

Gibran Khalil Gibran

Tradução do inglês: Ricardo Lísias

Gibran Khalil Gibran (1883-1931), poeta, pintor e filósofo de origem libanesa. Manteve, durante toda a sua vida, um relacionamento amoroso com Mary Elizabeth Haskell (1873-1964), que conheceu em uma exposição de desenhos seus em Boston, em 1904. A carta selecionada chama a atenção pelo forte caráter de diálogo que apresenta.

Nova York, terça-feira, 31 de outubro de 1911[91]
Mary, minha querida Mary,
Estive o dia inteiro fora trabalhando muito e pensando mais ainda. Já é tarde e eu estou exausto, mas não poderia me deitar sem dizer boa-noite. Ontem e hoje você esteve tão próxima! Sua última carta é ardente, cheia de sugestões, uma onda que me traz músicas desconhecidas.

Os últimos dias, amada Mary, foram cheios de imagens e vozes e sombras — há fogo em meu coração — há fogo nas minhas mãos — e por onde eu ando, vejo coisas estranhas.

Você sabe o significado desse fogo: sabe que enquanto queima, você vai se libertando de tudo ao seu redor?

Não existe nada melhor do que esse fogo libertador!

E agora, vou espalhar com toda a minha força o amor que sinto por você.

Khalil

---

91. Gibran, Gibran Khalil. *Beloved prophet: The love letters of Khalil Gibran and Mary Haskell, and her private journal*. London: Barrie & Jenkins, 1972, p. 47.

Augusto dos Anjos

Augusto de Carvalho Rodrigues dos Anjos (1884-1914), poeta brasileiro. Casou-se com Ester Fialho, a quem escreve a carta que lemos, em 4 de julho de 1910, que serve também para enviar a ela e à filha Glorinha "um minguado presente de Natal", "como lembrança de quem não as esquece um só instante".

Rio, 24-12-1912[92]
Minha querida Ester,
Sua cartinha de 16 deste mês produziu em minha alma um verdadeiro conforto definitivo.

Faço votos pelo seu restabelecimento e saúde completa de todos daí.

Eu amanheci hoje levemente constipado, já havendo posto em prática as exageradíssimas precauções que V. bem conhece.

Fico ciente da recepção alegre, gozada por Vocês, ao chegarem a essa Capital.

Manifesto a todos os mais fortes agradecimentos.

Aproveito o Heitor que, indo amanhã pelo *Astúrias*, veio gentilmente oferecer-se para portador de quaisquer encomendas minhas.

Assim é que envio para Glorinha e você um minguado presente de Natal.

A parte que lhe toca é, por assim dizer, ínfima, devido ao esvaziamento trágico de minhas algibeiras neste fim de ano.

---

92. Anjos, Augusto dos. "A Ester Fialho dos Anjos (carta 139)". In: *Obra completa*. Organização, fixação do texto e notas de Alexei Bueno. Rio de Janeiro: Nova Aguilar, 1994, pp. 787-788.

Recebam, pois, essas insignificâncias, apenas como uma lembrança mínima de quem não as esquece um só instante.

Desculpem-me, por conseguinte.

Achei ótimo o alvitre atinente à aquisição de uma casa, nesta Capital, para nossa residência comum. Em qualquer um dos arrabaldes citados por V. encontram-se casas de 20 contos de réis, com todas as comodidades requeridas, segundo hoje me informei; 25 contos, no máximo, nos proporcionarão semelhante aquisição vantajosa. Isto depende da ocasião, e máxime do saber *pilhá-la* jeitosamente.

Como não ignora, nesses arrabaldes as casas são baratíssimas, achando-se a vantagem da compra adstrita às circunstâncias especiais do momento. Vou trabalhar na leitura dos anúncios e em outras informações de igual natureza.

Tudo quanto V. fez relativamente ao dinheiro dos livros, merece e não podia deixar de merecer a minha perfeita concordância, atenta à nossa grande solidariedade nessas coisas da vida material.

A sobrinha de d. Aninha Caldas não me falou mais acerca das aulas de que tem necessidade para o exame de admissão na Escola Naval.

Quanto ao Higino, iremos resolver agora em janeiro o *caso dos sobrinhos*.

Arranjei em uma dessas muitas academias que aqui surgem, como verdadeiros casos de geração espontânea, duas cadeiras em que, segundo me disse o Diretor, hei de funcionar, de fevereiro em diante.

São as cadeiras de Português, do curso de admissão e a do Departamento Internacional Público e Privado, de Direito.

Creio muito pouco na estabilidade dessas academias — mas dizem que o Diretor possui um fundo de reserva monetária de 100:000.000 réis. *Pode ser.*

Em atinência à folha de *bem viver*, de que V. fala, assino-a previamente, pondo-me, assim, a salvo da contingência castigadora da mula.

Hoje se realizam na Escola Normal as provas escritas de Geografia. Eu tenho sido atormentado por um sem-número de pedidos e dentre estes os de d. Pacífica.

Muitos beijinhos e abracinhos em Glória e nos filhinhos do bom Rômulo.

A minha letra deve estar *horrorosa*.

O acelero com que estou escrevendo para não perder de vista o Heitor, que daqui a pouco vem buscar esta carta, justifica as transgressões ortográficas de que porventura se achar eivada. Saudades a d. Miquilina, Irene, Rômulo, Olga e crianças. Diga a Olga que o meu procedimento até aqui tem sido irrepreensível, não sabendo, porém se, com a chegada próxima do Rômulo, a minha impecabilidade será a mesma.

Dê muitas lembranças minhas à boa...[93]

---

93. O original interrompe-se aqui.

FERNANDO PESSOA

Fernando Antônio Nogueira Pessoa (1888-1935), poeta português. Fernando Pessoa conheceu Ofélia Queirós (1900-1991) em 1920. O namoro entre eles durou de março a novembro desse mesmo ano, quando Pessoa reconhece: "o amor passou". Anos depois, entre 1929 e 1930, voltam à correspondência — e ao namoro. Mas, novamente, em janeiro de 1930, o namoro é interrompido e nunca mais retomado. Ofélia Queirós se casaria com Augusto Soares em 1938. Álvaro de Campos (1890-1935), engenheiro, é um dos heterônimos de Fernando Pessoa. Ele assina a última carta que selecionamos dirigida a Ofélia.

Meu Bebê, meu Bebezinho querido:[94]
Sem saber quando te entregarei esta carta, estou escrevendo em casa, hoje, domingo, depois de acabar de arrumar as cousas para a mudança de amanhã de manhã. Estou outra vez mal da garganta; está um dia de chuva; estou longe de ti — e é isto tudo o que tenho para me entreter hoje, com a perspectiva da maçada da mudança amanhã, com chuva talvez e comigo doente, para uma casa onde não está absolutamente ninguém. Naturalmente (a não ser que esteja já inteiramente bom e arranje as cousas de qualquer modo, o que faço é ir pedir guarida cá na Baixa ao Marianno Sant'Anna, que, além de m'a dar de bom grado, me trata da garganta com competência, como fez no dia 19 d'este mês quando eu tive a outra angina.
Não imaginas as saudades de ti que sinto nestas ocasiões de doença, de abatimento e de tristeza. O outro dia, quando falei contigo a propósito de eu estar doente, pareceu-me (e creio que com razão) que o assunto te aborrecia, que pouco te importavas

---

94. Pessoa, Fernando. *Cartas de amor de Fernando Pessoa.* Organização, posfácio e notas de David Mourão-Ferreira. Preâmbulo e estabelecimento do texto de Maria da Graça Queiroz. Lisboa: Livraria Camões; Rio de Janeiro: Ática, 1978, pp. 61-62 (a ortografia de todas as cartas foi atualizada [N. do E.]).

com isso. Eu compreendo bem que, estando tu de saúde, pouco te rales com o que os outros sofrem, mesmo quando esses "outros" são, por exemplo, eu, a quem tu dizes amar. Compreendo que uma pessoa doente é maçadora, e que é difícil ter carinhos para ela. Mas eu pedia-te apenas que *fingisses* esses carinhos, que *simulasses* algum interesse por mim. Isso, ao menos, não me magoaria tanto como a mistura do teu interesse por mim e da tua indiferença pelo meu bem-estar.

Amanhã e depois, com as duas mudanças e a minha doença, não sei quando te verei. Conto ver-te à hora indicada amanhã — às 8 da noite ou de aí em diante. Quero ver, porém, se consigo ver-te ao meio-dia (embora isso me pareça difícil), pois às 8 horas quem está como eu deve estar deitado.

Adeus, amorzinho, faze o possível por gostares de mim a valer, por sentires os meus sofrimentos, por desejares o meu bem-estar; faze, ao menos, por o fingires bem.

Muitos, muitos beijos, do teu, sempre teu, mas muito abandonado e desolado

20(?)/3/1920
Fernando

Meu Bebê pequeno e rabino:[95]
Cá estou em casa, sozinho, salvo o intelectual que está pondo o papel nas paredes (pudera! havia de ser no teto ou no chão!); e esse não conta. E, conforme prometi, vou escrever ao meu Bebezinho para lhe dizer, pelo menos, que ela é muito má, exceto numa cousa, que é na arte de fingir, em que vejo que é mestra.

Sabes? Estou-te escrevendo mas *não estou pensando em ti*.

---

95. Ibidem, pp. 77-78.

Estou pensando nas saudades que tenho do meu tempo da *caça aos pombos*; e isto é uma cousa, como tu sabes, com que tu não tens nada...

Foi agradável hoje o nosso passeio — não foi? Tu estavas bem-disposta, e eu estava bem-disposto, e o dia estava bem-disposto também (O meu amigo, não. A A. Crosse: está de saúde — uma libra de saúde por enquanto, o bastante para não estar constipado).

Não te admires de a minha letra ser um pouco esquisita. Há para isso duas razões. A primeira é a de este papel (o único acessível agora) ser muito corredio, e a pena passar por ele muito depressa; a segunda é a de eu ter descoberto aqui em casa um vinho do Porto esplêndido, de que abri uma garrafa, de que já bebi metade. A terceira razão é haver só duas razões, e portanto não haver terceira razão nenhuma. (Álvaro de Campos, engenheiro).

Quando nós poderemos nos encontrar a sós em qualquer parte, meu amor? Sinto a boca estranha, sabes, por não ter beijinhos há tanto tempo... Meu Bebê para sentar ao colo! Meu Bebê para dar dentadas! Meu Bebê para... (e depois o Bebê é mau e bate-me...) "Corpinho de tentação" te chamei eu; e assim continuarás sendo, mas longe de mim.

Bebê, vem cá; vem para o pé do Nininho; vem para os braços do Nininho; põe a tua boquinha contra a boca do Nininho... Vem... Estou tão só, *tão só de beijinhos*...

Quem me dera ter a certeza de tu teres saudades de mim *a valer*. Ao menos isso era uma consolação... Mas tu, se calhar, pensas menos em mim que no rapaz do gargarejo, e no D. A. F. e no guarda-livros da CD & C! Má, má, má, má, má...!!!!!

Açoites é que tu precisas.

Adeus; vou-me deitar dentro de um balde de cabeça para baixo, para descansar o espírito. Assim fazem todos os grandes homens — pelo menos quando têm — 1.º espirito, 2.º cabeça, 3.º balde onde meter a cabeça.

Um beijo só durando todo o tempo que ainda o mundo tem que durar, do teu, sempre e muito teu

Fernando (Nininho)
5/4/1920

OPHELINHA:[96]
Agradeço a sua carta. Ela trouxe-me pena e alívio ao mesmo tempo. Pena, porque estas cousas fazem sempre pena; alívio, porque, na verdade, a única solução é essa — o não prolongarmos mais uma situação que não tem já a justificação do amor, nem de uma parte nem de outra. Da minha, ao menos, fica uma estima profunda, uma amizade inalterável. Não me nega a Ophelinha outro tanto, não é verdade?

Nem a Ophelinha, nem eu, temos culpa nisto. Só o Destino terá culpa, se o Destino fosse gente, a quem culpas se atribuíssem.

O Tempo, que envelhece as faces e os cabelos, envelhece também, mas mais depressa ainda, as afeições violentas. A maioria da gente, porque é estúpida, consegue não dar por isso, e julga que ainda ama porque contraiu o hábito de se sentir a amar. Se assim não fosse, não havia gente feliz no mundo. As criaturas superiores, porém, são privadas da possibilidade d'essa ilusão, porque nem podem crer que o amor dure, nem, quando o sentem acabado, se enganam tomando por ele a estima, ou a gratidão, que ele deixou.

96.Ibidem, pp. 129-131.

Estas cousas fazem sofrer, mas o sofrimento passa. Se a vida, que é tudo, passa por fim, como não hão de passar o amor e a dor, e todas as mais cousas, que não são mais que partes da vida?

Na sua carta é injusta para comigo, mas compreendo e desculpo; decerto a escreveu com irritação, talvez mesmo com mágoa, mas a maioria da gente — homens ou mulheres — escreveria, no seu caso, num tom ainda mais acerbo, e em termos ainda mais injustos. Mas a Ophelinha tem um feitio ótimo, e mesmo a sua irritação não consegue ter maldade. Quando casar, se não tiver a felicidade que merece, por certo que não será sua a culpa.

Quanto a mim...

O amor passou. Mas conservo-lhe uma afeição inalterável, e não esquecerei nunca — nunca, creia — nem a sua figurinha engraçada e os seus modos de pequenina, nem a sua ternura, a sua dedicação, a sua índole amorável. Pode ser que me engane, e que estas qualidades; que lhe atribuo, fossem uma ilusão minha; mas nem creio que fossem, nem, a terem sido, seria desprimor para mim que lh'as atribuísse.

Não sei o que quer que lhe devolva — cartas ou que mais. Eu preferia não lhe devolver nada; e conservar as suas cartinhas como memória viva de um passado morto, como todos os passados; como alguma cousa de comovedor em uma vida, como a minha, em que o progresso nos anos é par do progresso na infelicidade e na desilusão.

Peço que não faça como a gente vulgar, que é sempre reles; que não me volte a cara quando passe por si, nem tenha de mim uma recordação em que entre o rancor. Fiquemos, um perante o outro, como dois conhecidos desde a infância, que se amaram um pouco quando meninos, e, embora na vida adulta sigam outras afeições e outros caminhos, conservam sempre, num escaninho da alma, a memória profunda do seu amor antigo e inútil.

Que isto de "outras afeições" e de "outros caminhos" é consigo, Ophelinha, e não comigo. O meu destino pertence a outra Lei, de cuja existência a Ophelinha nem sabe, e está subordinado cada vez mais à obediência a Mestres que não permitem nem perdoam.

Não é necessário que compreenda isto. Basta que me conserve com carinho na sua lembrança, como eu, inalteravelmente, a conservarei na minha.

Fernando
29/XI/1920

Ex.ᴹᴬ Senhora D. Ophelia Queiroz:[97]
Um abjeto e miserável indivíduo chamado Fernando Pessoa, meu particular e querido amigo, encarregou-me de comunicar a V. Ex.ª — considerando que o estado mental d'ele o impede de comunicar qualquer coisa, mesmo a uma ervilha seca (exemplo da obediência e da disciplina) — que V. Ex.ª está proibida de:

(1) pesar menos gramas,
(2) comer pouco,
(3) não dormir nada,
(4) ter febre,
(5) pensar no indivíduo em questão.

Pela minha parte, e como íntimo e sincero amigo que sou do meliante de cuja comunicação (com sacrifício) me encarrego, aconselho V. Ex.ª a pegar na imagem mental, que acaso tenha

---

97. Ibidem, p. 145.

formado do indivíduo cuja citação está estragando este papel razoavelmente branco, e deitar essa imagem mental na pia, por ser materialmente impossível dar esse justo Destino à entidade fingidamente humana a quem ele competiria, se houvesse justiça no mundo.
   Cumprimenta V. Ex.ª

Álvaro de Campos
eng. naval
25/9/1929

OPHELINHA pequena:[98]
   Como não quero que diga que eu não lhe escrevi, por efetivamente não ter escrito, estou escrevendo. Não será uma linha, como prometi, mas não serão muitas. Estou doente, principalmente por causa da série de preocupações e arrelias que tive ontem. Se não quer acreditar que estou doente, evidentemente não acreditará. Mas peço o favor de me não dizer que não acredita. Bem me basta estar doente; não é preciso ainda vir duvidar d'isso, ou pedir-me contas da minha saúde como se estivesse na minha vontade, ou eu tivesse obrigação de dar contas a alguém de qualquer cousa.
   O que lhe disse de ir para Cascaes (Cascaes quer dizer um ponto qualquer fora de Lisboa, mas perto, e pode querer dizer Sintra ou Caxias) é rigorosamente verdade: verdade, pelo menos, quanto à intenção. Cheguei à idade em que se tem o pleno domínio das próprias qualidades, e a inteligência atingiu a força e a destreza que pode ter. É pois a ocasião de realizar a minha obra literária, completando umas cousas, agrupando outras, escreven-

---

98. Ibidem, pp. 149-150.

do outras que estão por escrever. Para realizar essa obra, preciso de sossego e um certo isolamento. Não posso, infelizmente, abandonar os escritórios onde trabalho (não posso, é claro, porque não tenho rendimentos), mas posso, reservando para o serviço d'esses escritórios dois dias da semana (quartas e sábados), ter de meus e para mim os cinco dias restantes. Aí tem a célebre história de Cascaes.

Toda a minha vida futura depende de eu poder ou não fazer isto, e em breve. De resto, a minha vida gira em torno da minha obra literária — boa ou má, que seja, ou possa ser. Tudo o mais na vida tem para mim um interesse secundário: há coisas, naturalmente, que estimaria ter, outras que tanto faz que venham ou não venham. É preciso que todos, que lidam comigo, se convençam de que sou assim, e que exigir-me os sentimentos, aliás muito dignos, de um homem vulgar e banal, é como exigir-me que tenha olhos azuis e cabelo louro. E estar a tratar-me como se eu fosse outra pessoa não é a melhor maneira de manter a minha afeição. É preferível tratar assim quem seja assim, e nesse caso é "dirigir-se a outra pessoa" ou qualquer frase parecida.

Gosto muito — mesmo muito — da Ophelinha. Aprecio muito — muitíssimo — a sua índole e o seu caráter. Se casar, não casarei senão consigo. Resta saber se o casamento, o lar (ou o que quer que lhe queiram chamar) são coisas que se coadunem com a minha vida de pensamento. Duvido. Por agora, e em breve, quero organizar essa vida de pensamento e de trabalho meu. Se a não conseguir organizar, claro está que nunca sequer pensarei em pensar em casar. Se a organizar em termos de ver que o casamento seria um estorvo, claro que não casarei. Mas é provável que assim não seja. O futuro — e é um futuro próximo — o dirá.

Ora aí tem, e, por acaso, é a verdade.

Adeus, Ophelinha. Durma e coma, e não perca gramas.
Seu muito dedicado,

Fernando
29/9/1929, domingo

Bom dia;[99] Bebê: gosta de mim exatamente? Não venho do Abel, mas devia ter vindo; e, em todo o caso o Bebê também tem influências no estilo do Abel. Tem influências a distância, mas ao colo (situação muito natural nos bebês) ainda tem mais. E o Abel tem aguardente doce, mas a boca do Bebê é doce e talvez um pouco ardente, mas assim está bem. Gosta de mim? Por quê? Sim?

Estou doido, e não posso escrever uma carta: sei apenas escrever asneiras. Se me pudesse dar um beijo, dava? Então por que não dá? Má. A verdade é que o dia de hoje se embrulhou de tal maneira, que mal tenho tempo de lhe escrever mal este pouco tempo. Vespa.

Tenho que ir a fugir para casa para jantar cerca das 8 e ir depois a casa d'aquele meu amigo onde costumo jantar aos sábados. Hoje, é ir lá um pouco à noite, depois do jantar. Fera.

E acabei, e pronto. Dá-me a boquinha para comer?

Íbis
(nome de uma ave do Egito, que é essa mesma)
2/10/1929

---

99. Ibidem, p. 151.

Katherine Mansfield

Tradução do inglês: Ricardo Lísias

Katherine Mansfield, pseudônimo de Kathleen Mansfield Beauchamp (1888-1923), escritora neozelandesa. A carta selecionada foi escrita a John Middleton Murry (1889-1957), escritor e crítico inglês, com quem Katherine se casara, em segundas núpcias, em 1918, após divorciar-se de seu primeiro marido, George Bowden, embora já vivesse com Murry desde 1913. O fecho de sua carta é: "Sou tua para sempre". Katherine morreria menos de seis anos depois, em 9 de janeiro de 1923, de hemorragia pulmonar, após subir correndo uma escada para mostrar a Murry que estava bem de saúde. Murry se casaria novamente um ano depois.

SÁBADO À NOITE, 19 de maio de 1917[100]
Meu amor,
   Não pense, porque estou escrevendo estas linhas no seu diário, que estou invadindo a sua intimidade. Você sabe que não: onde mais eu poderia escrever-lhe uma carta de amor? Eu preciso lhe escrever uma carta de amor esta noite.
   Sinto-o inteiramente em mim: eu o respiro, ouço-o, sinto você dentro de mim e comigo.
   O que eu estou fazendo aqui? Você se foi. Eu imagino-o no trem, na estação, se aproximando, sentando-se sob a luz, falando, cumprimentando as pessoas, lavando as mãos... E eu estou aqui, no seu escritório, sentada à sua mesa.
   Há algumas pétalas de goiveiro sobre a mesa e um fósforo queimado, um lápis azul e o *Magdeburgische Zeitung*. Eu, como eles, sou parte desse ambiente.
   Quando escureceu, o jardim ficou mudo e a cortina das janelas se desenrolou, comecei a me aterrorizar. Eu estava fazendo café na cozinha. Foi tão violento e assustador que deixei de lado a cafeteira e saí correndo para a rua, com a bolsa debaixo de um

---

100. Mansfield, Katherine. *Letters to John Middleton Murry, 1913-1922*. London: Constable, 1951, p. 92.

braço e um bloco de anotações no outro. Eu sentia que se conseguisse chegar aqui e encontrasse a sra. F., estaria segura.

Eu a encontrei e liguei a sua lamparina, peguei o seu relógio, puxei as suas cortinas e abracei o seu sobretudo preto antes de me sentar. O medo passou. Não fique bravo comigo, Bogey. *Ça a été plus fort que moi...* É por isso que estou aqui.

Hoje à tarde, quando veio para o chá, você pegou um brioche, quebrou-o na metade e colocou um pouco de recheio com dois dedos. Você sempre faz isso com uma espátula, um rolo ou um pedaço de pão. É o seu jeito — sua cabeça fica um pouquinho caída para o lado.

Quando você abriu a mala, eu vi o seu velho chaveirinho de feltro, um livro em francês e um pente, tudo estava muito bagunçado. "Tig, eu só tenho três lenços." Por que essa lembrança me é tão dócil?

Na noite passada, aconteceu algo antes de você se deitar. Você estava em pé, quase nu, um pouquinho curvado para a frente, falando. Foi só por um momento. Eu o olhava — e o adorava, amava o seu corpo com muita ternura. Ah, meu amor.

E eu não estou falando de paixão. Não, é de outra coisa que me torna tão preciosos cada centímetro do seu corpo — seus ombros leves — sua pele sedosa e quente, suas orelhas frias feito conchas do mar — suas longas pernas e seus pés que eu tanto adoro bater nos meus — a sua barriga — e suas costas finas e jovens. Você tem uma verruga bem sob aquele ossinho que salta para fora abaixo do pescoço.

Parte da minha ternura se deve à sua juventude. Amo a sua boca. Se eu fosse Deus, jamais permitiria que ela fosse um dia tocada por um vento frio.

Você sabe que nós dois temos o futuro pela frente, vamos fazer coisas maravilhosas. Acredito muito em nós, e o amor que sinto por você é tão puro que estou aqui, calada, ouvindo minha alma.

Quero apenas você como namorado, amante e amigo, e não acredito que eu daria certo com qualquer outra pessoa.

Serei sua para sempre,

Tig

Antonio Gramsci

Tradução do italiano: Plínio Freire Gomes

Antonio Gramsci (1891-1937), político e filósofo italiano. Preso pelo regime fascista em 1926, permaneceu encarcerado até agosto de 1935, quando sai em liberdade condicional. Livre, finalmente, em 21 de abril de 1937, com a saúde extremamente debilitada, morre em 27 de abril do mesmo ano. A carta selecionada, do início do período da prisão, é dirigida à sua esposa, Giulia Schucht (1896-1980), carinhosamente apelidada de Iulca. Naturalmente, a preocupação de Gramsci se volta ao bem-estar da mulher e dos filhos e ao futuro. Gramsci procura também tranquilizar a esposa, transmitindo-lhe um pouco da força que lhe resta para lutar.

ROMA, 20 de novembro de 1926[101]
Caríssima Iulca,
   Lembra-se de uma de suas últimas cartas? (Ao menos era a última carta que recebi e li.) Você escrevia que nós dois somos ainda bastante jovens para poder esperar ver juntos os nossos meninos crescerem. É preciso que você agora se lembre fortemente disto, que o pense fortemente todas as vezes que pensar em mim e me associar aos meninos. Tenho certeza de que você será forte e corajosa, como sempre o foi. Terá de ser ainda mais que no passado, para que os meninos cresçam bem e sejam em tudo dignos de você. Pensei muito, muito nesses dias. Tentei imaginar como será toda a vida de vocês daqui para a frente, porque ficarei certamente por muito tempo sem notícias de casa; e repensei o passado, colhendo nele razões de força e de confiança infinita. Sou e serei forte. Gosto tanto de você e quero conseguir ver nossas crianças. Preocupa-me um pouco a questão material: será que seu trabalho dará conta de tudo? Penso que não seria menos digno de nós nem abusado pedir um pouco de ajuda. Queria poder convencê-la disto, que você me escutasse

---

101. Gramsci, Antonio. *Lettere dal carcere (1926-1937)*, v. 1. Palermo: Sellerio, 1996.

e procurasse meus amigos. Estarei mais tranquilo e serei mais forte ao saber que você está ao abrigo de qualquer inconveniência. Minhas responsabilidades de pai sério me atormentam ainda, como vê.

 Caríssima minha, não queria de modo algum perturbar você. Estou um pouco cansado, porque durmo pouquíssimo e assim não consigo escrever tudo aquilo que queria e como queria. Quero que você sinta forte todo meu amor e minha confiança. Abraça todos da sua família; cubro você de grande carinho junto com os meninos.

Antonio

Vladímir Maiakóvski

Tradução do russo: Irineu Franco Perpetuo

Vladímir Vladimirovich Maiakóvski (1893-1930), poeta russo. Manteve um relacionamento amoroso com Lilia Brik (1891-1978), que era casada desde 1912 com o crítico literário Óssip Maksimovic Brik (1888-1945), entre 1915 e 1930. As cartas de Maiakóvski a Lilia são vazadas em uma linguagem afetuosa e bem-humorada. Porém a vida não parece ter sido afetuosa e bem-humorada para nenhum dos dois: ele se suicidou em 1930; ela, em 1978.

Moscou, antes de 15 de março de 1918[102]
Querida, amada, ferozmente doce Lílik!
De agora em diante ninguém poderá me acusar de ler pouco, já que o tempo todo fico lendo sua carta.
Não sei se, com isso, vou me tornar um erudito, mas alegre eu já estou.
Se você me julga o seu cãozinho, então tenho que dizer na lata: eu não a invejo, o seu cãozinho é insignificante: as costelas à vista, o pelo, evidentemente, esfarrapado, e perto do olho vermelho, especialmente para enxugar uma lágrima, uma longa orelha pelada.
Os naturalistas afirmam que os cãezinhos sempre ficam assim se são confiados a mãos alheias, e desprovidas de amor.
Eu não vou a lugar nenhum.
Das mulheres eu me sento a umas três, quatro cadeiras, para que não aspirem a nada de nocivo.

102. Maiakóvski, Vladímir Vladimirovitch. *Polnoie sobranie sotchinenii v trinadtsati tomakh*, v. 13. Pis'ma, zaiavleniia, zapiski, telegramy, doverenosti. Poetit cheskie zagotovki, ekspromty, neokontchenoe. Tezisy i programmy vystuplenii. Tchernovye zapisi k vystupleniiam. Otvety na ankety. Moskva: Khudojestvennaia Literatura, 1955.

Eu me salvo com as publicações. Desde as nove estou na tipografia. Agora estamos fazendo o *Jornal dos Futuristas*.[103]

Obrigado pela caderneta.[104] A propósito: eu fiz um acerto com Dodia[105] a respeito da paisagem que você pegou, e que, assim, eu lhe dou de presente.

Imediatamente na sua caderneta escrevi duas poesias. A grande saiu no jornal (que lhe agradou), é a "Nossa marcha", e eis a pequena:

PRIMAVERA
A cidade despiu-se do inverno,
As neves dissolveram-se em saliva,
De novo chegou a primavera,
Tola e tagarela como um *junker*.[106]

Esse, naturalmente, é só o arranque inicial.

Mais do que tudo no mundo queria ir até você. Se você for para algum lugar sem se avistar comigo, será malvada.

Escreva, menina.

Passe bem, minha querida Lilik.

Eu a beijo, querida, boa, bela.

Seu Volodia[107]

---

103. O único número do *Jornal dos Futuristas*, de Moscou, saiu em 15 de março; dele constava a "grande poesia" da qual Maiakóvski se lembra mais à frente, "Nossa marcha"; a quadra "Primavera" foi publicada depois da morte do poeta. (N. do E.)
104. Lilia Brik presenteou-o com uma caderneta para anotações. Essa caderneta com os autógrafos das duas poesias não se conservou. (N. do E.)
105. O pintor David Davidovitch Burliukov (1882-1967). (N. do E.)
106. Membro da aristocracia agrária conservadora prussiana. (N. do T.)
107. Hipocorístico de Vladimir. (N. do T.)

Nesta eu não beijo e não saúdo ninguém mais. Ela é do ciclo "para você, Lilia". Como fiquei feliz em colocar em "Homem" "para você, Lilia".[108]

Moscou, 2 de novembro de 1921
Meu benzinho, querida Litchik!
Sou todo tristeza: nenhuma carta sua. Hoje vou à casa de Menchoi,[109] talvez ele tenha chegado. Queria terrivelmente aparecer de repente na sua casa e ver como você vive. Porém, ai de mim, consolo-me um pouco, dizendo a mim mesmo que talvez você não tenha me esquecido, e que suas cartas simplesmente não chegam. Escreva então, Liliônok!
Chegou de Vladivostok o escultor Jukov,[110] trazendo uma coleção de artigos de Tchujak[111] (na maioria velhos) e o jornal *Telégrafo do Extremo Oriente*, no qual há um grande artigo de Tchujak sobre Sosnovski.[112] Tchujak me mandou o honorário pelo material enviado.[113] Hoje Jukov janta conosco.

108. "Para você, Lilia": dedicatória da edição especial de poemas "Homem". (N. do E.)
109. Pseudônimo de Adolf Grigorievitch Gai, jornalista que foi colega de Maiakóvski na Rosta (sigla de Rossíiskoie Tieliegráfnoie Aguenstvo, ou seja, Agência Telegráfica Russa). (N. do T.)
110. Innokenti Nikolaievitch Jukov (1875-1948), escultor, pedagogo e autor infantil. (N. do T.)
111. Pseudônimo de Nikolai Fiodorovitch Nassimovitch (1876-1937), jornalista, crítico literário e membro da LEF (de "Liévi Front", "Frente de Esquerda"), revista organizada em 1923 por Maiakóvski e colegas futuristas. (N. do T.)
112. Lev Semionovitch Sosnovski (1886-1937), um dos mais populares jornalistas da URSS, publicou no *Pravda*, em setembro de 1921, artigo contra Maiakóvski. (N. do T.)
113. Na revista *Criação*, editada por Tchujak, foram publicados trechos dos poemas de Maiakóvski "Nuvem de calças" e "Guerra e paz". (N. do E.)

Talvez eu tenha uma novidadezinha bem pequenininha. Ontem chegou um homem, do qual falou a Rita[114] (da Seção Regional de Educação Política de Kharkov), que quer me levar para Kharkov, para três saraus. As condições são boas. Se hoje (ele também deve jantar) ele não mudar de ideia, na semana que vem, na quinta ou na sexta-feira (para dar tempo de receber a sua querida carta), irei por 8-10 dias a Kharkov. Vou descansar e escrever. O trabalho agora é de uma quantidade fantástica, e muito difícil.

Escreva, solzinho.

Amo você.

Espero e beijo, e beijo,
Seu

De Grjebin[115] ainda não pude saber nada! Não tem ninguém na casa dele.

É evidente que eu vou escrever a você de cada estação, caso viaje,[116] e você também escreva. Vou organizar um transporte até mim.

Beijo, beijo, beijo, beijo.

Moscou, 14-15 de fevereiro de 1924

Querida-querida, amada-amada, doce-doce Liciatik!

Escrevo a você de chofre, porque neste instante vou para Odessa e Kiev declamar, e neste exato instante recebi a sua cartinha e a de Charik.[117]

---

114. Rita Rait-Kovaleva (1898-1988), tradutora. (N. do T.)
115. Zinovi Issaevitch Grjebin (1877-1929), editor e caricaturista, emigrou para Berlim em 1920. (N. do T.)
116. Maikóvski efetivamente foi a Kharkov, de 11 a 18 de dezembro. (N. do E.)
117. Literalmente, "bolinha", apelido que Maiakóvski deu a seu amigo Du-

Obrigado.

Enviamos a você um telegrama no endereço que nos foi informado, mas ele nos foi devolvido com um "destinatário desconhecido", de modo que, nesta carta, Liova[118] vai escrever o endereço, assim que tenha o atual.

Vivemos como sempre. Enquanto isso, fui na *Lisístrata*,[119] mas fugi no primeiro ato.

Que lixo!

Estou contente por ir a Odessa. Aqui tem um vento horrível, e faz frio.

Escreva, criança, de Paris e logo!

Beijo-a forte-forte.

Todo seu

Vapor *Espagne*, 22 de junho de 1925
Querida Linotchek,

Como a Espanha apareceu, aproveito a ocasião para informá-la que eu, com sucesso, agora estou a contorná-la, e inclusive vou passar por um certo porto pequeno — no mapa, repare em Santander.

Meu *Espagne* é um vapor passável. Russos eu não descobri, por enquanto. Há homens com suspensórios e cinto ao mesmo tempo (são os espanhóis) e umas mulheres com brincos enormes

---

binski. O poeta esteve nas duas localidades ucranianas mencionadas (Kiev e Odessa) na semana seguinte ao envio da carta. (N. do E.)

118. Lev Aleksandrovitch Grinkrug (1889-1987), cineasta, amigo do poeta e de Lilia Brik. (N. do T.)

119. A comédia do grego Aristófanes foi encenada por Nemirovitch-Dantchenko no estúdio musical do Teatro de Artes de Moscou, tendo estreado em 16 de junho de 1923. (N. do E.)

(são as espanholas). Correm dois cãezinhos pequenos. São chins japoneses, porém ruivos, ambos idênticos.

Beijo-a, querida, e corro a aprender, em francês, como se manda uma carta.

Beijo você e Oska.[120]

Do cachorrinho que é todo seu.

VAPOR *Espagne*, 3 de julho de 1925
Querida-querida, doce, doce, doce e minha amantíssima Liliônok!

Você recebeu minhas (2) cartas de viagem?[121] Agora nos aproximamos da ilha de Cuba, e no porto de Havana (aquela dos charutos) vamos ficar um ou dois dias. Aproveito a ocasião para mais uma vez, sem esperança, enfiar uma carta na caixa de correio.

O calor é insuportável!

Exatamente agora vamos pelo Trópico.

O próprio Capricórnio (em honra do qual deram o nome a este trópico), aliás, eu por enquanto ainda não vi.

---

120. Hipocorístico de Óssip, marido de Lilia. (N. do T.)
121. Lilia recebeu apenas uma carta, a de 22 de junho. (N. do E.)

À direita começa a se revelar a primeira terra de verdade, a Flórida (se não contar as ninharias, como as ilhas dos Açores). Tenho que escrever versos sobre Cristóvão Colombo, o que é muito difícil, assim como, na falta de gente de Odessa, é difícil ficar sabendo qual o diminutivo de Cristóvão. E rimar Colombo (que já é difícil por si só) quando se está ao acaso nos trópicos é uma coisa heroica.

Não posso dizer que esteja muito feliz no vapor. Doze dias na água é bom para peixe e para descobridor profissional, mas, para um animal terrestre, é muito. Conversar em francês e em espanhol eu não aprendi, mas, em compensação, elaborei minhas expressões faciais, ou seja, faço-me entender com mímica.

Querida, telegrafe-me sem falta sobre a sua saúde e suas coisas. O endereço de nossa embaixada eu infelizmente não sei. Informe-se no Narkomindel.[122] Parece que o endereço telegráfico é: México (cidade) Delsovpra (delegação do governo soviético).

Estou trabalhando muito.[123]

A saudade que tenho de você é indescritível.

Beijo 1000 vezes você e 800 Oska.

Todo seu
[Colombo[124]]
Cachorrinho

---

122. Acrônimo para Comissariado do Povo para Assuntos Estrangeiros (Narodny Komissariat Innostranykh Del), que cuidou das Relações Exteriores da URSS entre 1917 e 1946. (N. do T.)
123. Durante o tempo de navegação, Maiakóvski escreveu as poesias "Cristóvão Colombo", "Espanha", "6 Monges", "Oceano Atlântico", "Filosofia superficial sobre sonhos profundos", "Black and White". (N. do E.)
124. A palavra Colombo foi riscada por Maiakóvski. (N. do E.)

ESTE LIVRO, COMPOSTO NA FONTE FAIRFIELD
E PAGINADO PELA NEGRITO PRODUÇÃO EDITORIAL, FOI
IMPRESSO EM PÓLEN BOLD 90G NA IMPRENSA DA FÉ.
SÃO PAULO, BRASIL, NA PRIMAVERA DE 2010.